リベラルな秩序か帝国か

アメリカと世界政治の行方

Liberal Order and Imperial Ambition:
Essays on American Power and World Politics

G・ジョン・アイケンベリー
細谷雄一 監訳

上

勁草書房

日本語版への序文

本書は、リベラルな国際秩序の起源とその性質、発展、そして危機についての私の考えをまとめたものである。これらの論文は過去十年を超える年月のなかで執筆してきたものであり、そのあいだにアメリカが主導するリベラルな戦後秩序は劇的な変動と変化を遂げてきた。そして、その変動と変化は現在でも続いている。その間、世界は冷戦の二極構造からアメリカの単極構造、そして現在浮上しつつある多極構造へと変遷しており、そのような変遷は中国やほかの非西洋の途上国の台頭とともに進んでいる。そのような変遷のなかで、本書の各章で述べられているように、私はリベラルな国際秩序のロジックや性質、そして将来に関心を抱き続けてきた。私の全体的な仮説は、おそらく逆説的なものとなっている。すなわち、アメリカが主導するリベラル国際主義は「危機」のなかにあるが、開放的でルールに基づいた秩序として規定されるリベラル国際主義それ自体はしっかりと生命を保っており、今後のアメリカのパワーが衰退する時代においても、そうなのだ。

冷戦終結後まもなく、次のような疑問が生じた。すなわち、リベラルな民主主義諸国は、今後もその結束を保っていくのであろうか。概して、アメリカと、ヨーロッパやアジア諸国とのあいだに構築された同盟や政治的関係は、冷戦の要請に基づいてつくられたものであった。これらの民主主義諸国は、自らをまとめていた脅威が消滅したときに、何か共通目標を見いだし、その深く結ばれた関係を維持することができるのだろうか。実際には、それらの諸国はそれを達成した。本書のなかで私は、このようなリベラルな秩序が続いた理由として、民主主義諸国においては冷戦を戦うこと以上に、つねにより多くの「日常的な協力」が存在していたのだと論じた。この秩序は、一九三〇年代に起こったいくつもの危機の再来を回避したいという要望に根ざしたものであった。すなわちそれはたとえば、世界経済の崩壊であり、帝国主義的な野心であり、地域的なブロックであった。アメリカとその同盟諸国は、戦後システムを構築するうえで、偉業を達成したのである。それは、より開放的で、制度化されて、多層的な国際秩序の構築であった。それは「リベラルな覇権」と表現するのが最もふさわしいようなロジックと性格を持っている。本書の各章では、この戦後のリベラルな覇権秩序を理解しようと試みている。

冷戦後の新たな段階として、アメリカは単極的なパワーとして浮上してきた。これによって、ジレンマやダイナミクスが生まれた。ここに新しい疑問が浮かぶ。ある一国があまりにも強大である場合に、リベラルな国際秩序はいかにして維持することが可能となるのか。アメリカは単なる「同輩中の第一人者」ではなかった。それは、圧倒的な力を持った、グローバルな軍事的そして経済的な大国であった。いかにしてアメリカとほかの民主主義諸国は、そのようなパワーの不均衡に向き合うのであろうか。それらの国はアメリカに対してバランスをとろうとするのであろうか。それでもなおかつ、このシステムは安定的であった。本書で私は、この安定性は民主主義、制度、そして利益によって、ある種の「立憲的《コンスティテューショナル》な秩序」として成立していると論じている。パワーは抑制されているのだ。アメリカには、自らのパワーが持つ強みを過度に利用しないようにする動機があった。その同盟網や多国間主義的な制度によって、信頼できる抑制とコミットメントが確立されるような手段を手にしたのだ。

冷戦後秩序の現段階でアメリカは、よりいっそう多極化する時代のなかに自らが位置していることを理解した。グローバルなパワーのシステムにおける「重力の中心」が、西から東へ、そして北から南へと移行しつつある。そこで新しい疑問が浮上する。中国の台頭は必然的に、西側の没落と、リベラリズムの時代の終わりへと帰結するのであろうか。中国は、自らが既存の国際秩序へと統合されることを求めるのであろうか、あるいはそのような秩序を変容させようとするのであろうか。中国の台頭、あるいはより一般的にはアジアの台頭は、西側とライバルとなるような、表出しつつある非西洋的な国際システムが組織化される兆候なのだろうか。あるいは単純に、新しい利害共有者《ステークホールダー》が、既存の国際秩序のなかでより大きな権威やリーダーシップを求めているだけなのだろうか。

すなわち、今日となっては、リベラルな国際秩序の将来に関する問題は、アメリカの単極構造の浮上ではなく、その没落に焦点が当てられている。

一部の論者によれば、政治秩序の変動は漸進的で進化的となるであろう。中国やその他の新興国は、すでに既存の国際秩序に深く結びついており、それらの諸国はよりいっそう「利害共有者」となるであろう。このような観点からすれば、パワーの分布は単極から多極へと移りつつあるのだが、古いルールや制度のシステムは持続していくであろう。ほかの論者は、より革命的な変動が起きつつあると見ている。このような視点を有する一部の論者は、いまアメリカ主導の秩序が終わりつつあるのみならず、リベラル国際主義それ自体が終わりつつあると述べる。新しいパワーの中心が浮上することで、国際秩序の基本的なロジックや原則を組織化するような、新しいアジェンダが生まれるのであろう。中国は明らかに、このような出現しつつある巨大なドラマを推し進めている。既存の秩序における利害共有者になるのではなく、むしろ中国は自らの増大しつつあるパワーを用いて、自由に反した方向へと世界政治を押し進めていくであろう。現在変容しつつあるのは、開放的でルールに基づいた基礎となるような性質の国際秩序である。

何人かの論者が述べているように、今日における対立と論争は、単極構造のあとにどのような秩序を構築するかについての、国家間の対立と論争である。われわれが目にしているのは、自らの秩序構築についてのアジェンダを持っている、敵対的なグローバルなパワーの台頭である。このような観点からすれば、大恐慌以来最も深刻な二〇〇八年の金融危機とそれに続く世界経済の失速は、アメリカ主導のリベラルなシステムに対する逆風の如実な表れであった。過去の戦後経済危機とは異なって、今回のそれはアメリカに端を発し、リベラルな資本主義というアメリカ・モデルを色褪せたものにし、経済的な安定性と進歩を提示するグローバルなリーダーとして行動するアメリカの資格に新たな疑念をもたらしたのだ。アメリカの単極構造の衰退とともに、われわれは覇権後のリーダーシップと優越的地位をめぐる争いがスタートしているのを目撃しているのである。

私は、グローバルなシステムにおけるアメリカの地位は変わりつつあるが、アメリカが指導するリベラルな国際秩序はいまだしっかりと健全な状況にあると主張する。実のところ、アメリカの独特な地政学的な位置さえ将来も不変であって、またリーダーシップと公共財を提供するアメリカに対する、世界の数多くの諸国の要望も不変だろう。たしかに、富やパワーはアメリカの手に集中するということはなくなっていくし、世界政治のシステム全体へとアメリカが与える影響力も低下していくであろう。しかし、リベラルな秩序のより深い基礎は生き残り、成長するであろう。

アメリカ主導の旧来の覇権的システムは衰退しつつあるが、リベラルな国際主義において際立っているのは、その耐久性である。ここ十年、グローバルなシステムにおいて、新たなパワーの台頭、金融危機、世界的不況、アメリカの単独的野心に対する同盟内での辛辣な異議など、顕著な変動があった。しかしこれらの変動にもかかわらず、リベラルな国際秩序は、世界政治を組織化するロジックとして強靭であることが明らかとなっている。世界の国々は依然として、リベラルな国際秩序を求めているのだ。開放的でルールに基づいた秩序に対する魅力的な代替案《オルターナティブ》は簡単に言えばいまだ固まっていない。反対に、非西洋的なパワーの台頭や経済および安全保障における相互依存の発展は、リベラルな国際秩序へ向けた新しい構成要素となり、勢いをもたらしているのだ。

本書に収められた文章をもとに、私は来るべきグローバルなシステムの変容についていくつかの言及をしたいと思う。

第一に、中国の台頭によって、国際秩序の根本的な原則を変容させるようなアジェンダがもたらされることは、ないであろう。中国は、修正主義的《リビジョニスト》な国家ではない。中国は、世界政治を組織化するうえでの大きな理念を有しているわけでもないし、対立するような理念を有しているわけでもない。パワーと富が増していくことでそうなるわけでもないであろう。中国は、既存の国際秩序のなかでより広範な権威を欲するであろうし、この秩序を構成するルールや原則、そして制度の全体を変えようとするであろう。しかし、それを覆す新しい秩序をもたらそうとしているわけではない。実際には、中国は自らの制約条件によって現代世界の一部になることができないでいることが問題になっている。その反対のことが、実際には起こる可能性が高い。すなわち、既存のルールや制度のなかで行動することによってこそ、中国はよりいっそう大きな影響力を持ち成功を収めることができるのだ。

第二に、既存の国際秩序は巨大ですばらしいシステムであり、これまでの時代に台頭する国家が直面したほかのいかなる国際秩序とも大きく異なるものである。それは、より広範で、より深遠なものである。それはより統合され、より制度化されたものである。それは、近代的な産業社会の構造に深く根付いている秩序である。台頭する中国は、アメリカや西洋と対峙しているだけではない。

それは、遠くまで広がった資本主義と民主主義の巨大なグローバルなシステムと向き合っているのであり、それはさらに広がり、統合を進めているのである。このリベラルな国際秩序は、「容易に参画することができ、転覆させることは難しい」。中国はもうすでに驚くべきほど、この秩序のなかに埋め込まれているのだ。まさしく、中国のこの秩序への参画は世界貿易体制において最も顕著であるが、自らが驚くほどの成長と進歩を可能としてきたのである。この意味において、中国はすでにこのリベラルな国際秩序において利害共有者となっており、これからよりいっそうそうなるだろう。

第三に、このようなシステムを描写するうえで、レベルや層の違いを認識することが重要である。最も深いレベルには、現代の国際秩序の基層が横たわっている。すなわちそれは、ウェストファリア型の主権国家システムであり、ひとまとまりの主要国によって組織化されている。このような基盤の上に、リベラルな国際秩序は構築されている。リベラルな国際秩序には、いくつかの種類が存在する。二〇世紀には、リベラルな国家はこのような秩序を構築し、拡大し、改良しようと努力を続けてきた。一般的に言えば、リベラルな国際秩序とは、開放的で、少なくともゆるやかなルールに基づいており、それはまた敵対するブロックや排他的な地域圏により組織化された秩序と対照的なものである。だが、リベラルな国際秩序それ自体は、さまざまな方法で組織化することもできる。すでに述べたように、アメリカ主導のリベラルな覇権秩序は徐々に衰退している。しかし、現在ある国際秩序において、より一般的で普遍的な、そして組織化されたルールや原則が依然しっかりと堅牢な状況なのだ。

第四に、リベラルな秩序のロジックに対して中国がもたらす代替案は、単純に持ちこたえられるようなものではない。そのような代替案がどこに存在していて、いったいいかなる国がそこに加わろうとするのかについての、深刻な疑念がある。中国人たちは自ら、そのようなものを提示してきたわけではない。しかし、「北京モデル」と言われ得る代替的な秩序はおそらく、多かれ少なかれ排他的なブロックや勢力圏、そして重商主義的な国家のネットワークによって組織化されるであろう。それはリベラルではない秩序である。それはより閉鎖的で、よりルールに基づかず、そして国家間のひとまとまりの結びつきに支配されるようなものとなるであろう。しかし、グローバルなレベルでは、そのようなシステムは、中国を含めたいかなる主要国の利益をも育むことはないであろう。「北京モデル」とは、一つか二つの国家が、開放的な市場のシステムを機会主義的に悪用しようとするときにのみ、作用するのである。もしもそれを、世界の組織化の一種類として実現しようとすれば、それは崩壊するであろう。そのような一つか二つの国が開放的なシステムを悪用することは可能だが、もしもすべての国家がそのようにしたならば、それはもはや開放的なシステムではなく、あらゆる国家が被害を受けるのだ。

第五に、世界政治における来るべき亀裂は、アメリカ（そして西側）と中国とのあいだに起きるのではなく、開放的でルールに基づいた国際秩序の擁護者と、それへの多様な敵対者とのあいだで起きるのであろう。それは、アメリカが戦後の時代の大半において擁護してきた現在の多国間主義的ガバナンス・システムを改良し、拡大することを求める者と、勢力圏や勢力均衡の上に協調関係を欠いた秩序を構築しようと求めている者とのあいだの対立となる。これらの境界線は、地理的な地図の上において見られるものでもないし、アジアと西洋とのあいだで分裂しているわけでもない。

これらの議論は、次のように簡潔に要約することができる。すなわち、現存する国際秩序は、過去の国際秩序よりもはるかに広範にわたっており、また深く根付いたものなのである。それゆえ中国は、現在の秩序に自らを統合する動機を持つであろうし、またそれを転覆させて損なうことをためらうであろう。既存の国際秩序は高度に発達したものであり、拡大し、統合され、制度化され、そして先進資本主義諸国や発展途上国の一部の経済や社会のなかに深く根付いているものなのだ。中国はただ単に、「アメリカ主導の秩序」や「西洋的なシステム」に向き合っているというのみならず、より広がってより深く根付いた国際秩序と向き合っており、それは何世紀にもわたる努力と改良の結果なのである。それはまた、新興国を同化させ、政治的および文化的な多様性と整合することができる例外的な能力を備えた秩序なのだ。少なくとも潜在的には普遍的な広がりを持った原則やルール、そして制度が、このような現代的な国際秩序に埋め込まれている。このように現代の国際秩序を特徴づけることで、中国へ二つのインプリケーションがもたらされている。第一に、中国は、自らの利益を促進し擁護するために、そして自らの権威と影響力を伸張させるために、このような秩序に関与し統合されていくような動機や機会を見いだすであろう。そして第二に、中国はこの秩序を覆したり、それへの代替案を真剣に提示しようと考えたりすることが、きわめて困難でほとんど不可能であることを理解するであろう。このような将来の国際秩序が持つインプリケーションとは、中国は今後さらに台頭していき、グローバルなルールや制度に対してより強い要求をするようになるであろうが、世界の歴史的な発展を考えると断絶性より継続性が多く見られるであろう、ということである。

現在の国際秩序は、数世紀も続く二つの偉大な秩序構築のプロジェクトの産物である。ひとつはウェストファリアのプロジェクトであり、近代国家システムの成立と拡大に結びついている。これは、国家主権や大国の行動における規範と結びついたルールや原則の公布と見なされたプロジェクトである。もうひとつは、過去二世紀にわたってイギリスとアメリカが主導したリベラルな秩序の構築というプロジェクトである。このプロジェクトは、「リベラリズムの優位」によって進められたプロジェクトである。すなわちそれは、二〇世紀におけるリベラルな民主主義諸国の台頭と、その世界的な普及である。これらの二つの秩序形成プロジェクトは、その浮き沈みや、いくつかの段階、そして歴史的転換点とともに広がっていき、その最も重要なものとして戦後期における戦後処理と復興によって彩られてきた。この二つの秩序形成のプロジェクトはまた、相互補完的に作用している。ウェストファリアのプロジェクトでは、アナーキーという状況のなかで国家間関係の安定性と協調を生み出すという「リアリズム」の問題を解決することに焦点が当てられてきた。リベラルな秩序構築のプロジェクトは、大国間の関係が安定して初めて実現できる。「ホッブズの問題」は、「ロックの問題」に取り組むために、解決されねばならなかったのだ。

総括すれば、ウェストファリアのプロジェクトとリベラル国際主義のプロジェクトは何世紀にもわたって発展してきて、現代の国際秩序をかたちづくってきた。その帰結は、ケーキの層のように理念、規範、ルール、そして制度が折り重なっており、その多くが相互補完的だが一部は競合するものとなっている。ウェストファリアのロジックは、世界政治を組織化するための原理を提供したが、その原理は、国家主権という概念や大国が抑制して協調するという規範の上に成り立っている。民族自決や無差別といった規範もまた、ウェストファリアのビジョンに反映されてきた。これらのルールや規範の多くが、リベラル国際主義のプロジェクトの基礎を提供している。一九世紀と二〇世紀のリベラル国際主義はともに、安定的な国家間関係を前提に成立してきた。ウィルソン自身は西洋の外側でのナショナリストの希望を十分には認識していなかったにせよ、ウィルソン時代のリベラル国際主義は、国家主権と民族自決のウェストファリア的な思考と適合してきた。ローズヴェルトの時代のリベラル国際主義はさらにその先へと進み、社会的および経済的な権利やその保護への進歩主義的な目標へ向けて諸国を押し進めていこうとした。フランクリン・ローズヴェルトの「四つの自由」の演説や大西洋憲章は、政府が積極的に自国市民に力を与え、また守っていけるような、現代の国家システムのビジョンをもたらしたのだ。さらにわれわれに近い時代においては、人権のアジェンダはこれまでよりウェストファリアの主権概念と整合しないようになっているが、それは、人権のアジェンダが国家主権にかかわる問題にも介入すべきであると主張するからである。

このような観点からすれば、現代の国際秩序は必ずしもアメリカ的でもないし、西洋的でもない。

それはより広範なものであり、より深遠なものである。かつてアメリカの覇権的リーダーシップは、戦後期のリベラルな国際秩序の将来にとって決定的に重要であった。だがその秩序に備わっている基礎やルール、そして制度は、アメリカのリーダーシップの時代よりもさかのぼるものであると同時に、そのはるか先にまで続くものである。われわれは、その特質がいかにして台頭する中国を惹きつけて、また適応させるかにとりわけ光を当てることで、現代のこの秩序の原則や制度をより正確に知ることができるだろう。

今後数十年にわたる世界政治の条件によって、中国は開放的でルールに基づいた国際システムから離れるどころか、それにより強く惹きつけられるであろう。経済と安全保障においてさらに深化する相互依存がもたらす世界のなかで、多国間主義的なルールや協調的な結びつきが成立しないならば、そのコストは膨大となるであろう。過去数十年にわたって、中国は台頭する途上国であり、西洋的なグローバルなシステムに対抗する勢力と見なされてきた。そして、自らアメリカの覇権に抵抗して、多極構造を促進する動機を強めていった。中国は、アウトサイダーであり弱者であった。だが中国は強大になるにつれて、かつて一世紀にわたってアメリカが抱えてきたものと同じような動機を感じ始めるであろう。すなわち、中小国が核兵器を獲得したり、主要国に対して敵対的な対外政策を追求したりすることをこれまでより望まなくなるであろう。アウトサイダーであるよりも、よりいっそうインサイダーとなっていくであろう。長期的に自身の利益を守ることができるような、開放的なシステムを求める動機が強まるであろう。安定的で正統なルールや制度を求めるようになるであろう。不可避的に、自身の自由でない国内の政体によって、リベラルで国際的な理念や価値へと強い情熱を抱くことはないであろう。中国がよりいっそう開放的で民主的なシステムを国内で確立するような努力を続けるに応じて、国際社会でそのようなルールや制度に容易に適合できるようになるであろう。

しかし、リベラル国際主義は何よりも価値に関するもの、というわけではない。それは、利益に関するものなのだ。民主主義や法の支配は西側で確立していったが、それは台頭する集団や階級へのセーフガードと保護のためのものであった。西洋近代国家の台頭と、国内の社会的な集団や階級に対するその地位の強化は、絶対的な支配者が自らの国家権力を制限し、その権威を法的および政治的な制度のなかに埋め込んでいくという、漸進的な歩みを含むものであったのである。

二〇一一年五月一日
ニュージャージー州プリンストンにて

G・ジョン・アイケンベリー

目次

目　次

下巻目次

序論

アメリカは、過去のいかなる国家とも異なるかたちで、世界で優越的な地位を占めている。冷戦をくぐり抜けた唯一の超大国となり、いかなる地政学的およびイデオロギー的な競争相手も見たところ存在しない。ヨーロッパは内向きとなり、日本は停滞している。アメリカの軍事基地や空母の戦闘部隊が、その存在を世界に鳴り響かせている。すくなくとも現在のところ、ロシアはアメリカにとってなかば安全保障上のパートナーになりつつあり、中国はアメリカの優越性に適合しようとしてきている。近代以降はじめて、世界最大の大国がグローバルな舞台の上で、ほかのいかなる大国の抵抗を見ることもなく行動できるようになったのだ。

だが、すでにアメリカは長い期間にわたって世界で最も強大な国家であった。六十年ほどまえ、アメリカは第二次世界大戦後にグローバルな冷戦の同盟網を組織化し、またそこでリーダーシップを発揮してきた。世界経済を開放的にし、数多くの多国間組織を成立させてきた。このアメリカによって導かれる秩序は、ヨーロッパからアジアに至るまで広い範囲にわたり、統合された市場や政治的パートナーシップを育んできた。

まさに半世紀にわたって、アメリカは単に自らの利益を追求する超大国以上の存在であった。それは、世界秩序をつくりあげてきたのだ。何十年も、他国から抵抗よりも多くの支持を受けながら、アメリカは開放的でルールに基づいた独特な国際秩序を形成してきた。そのけた外れの力と利益と理念とがひとまとまりになって、「アメリカのプロジェクト」を構成し、かつてないほどグローバルに勢力範囲を広げてきた。好むと好まざるとにかかわらず、諸国家は今日、この変幻自在な秩序のなかで政治を行い、また適合し、そして行動しなければならない。

本書に所収されている各論文は、アメリカのパワーと戦後秩序の理論的、歴史的、対外政策的な諸側面について検討している。過去十五年ほどのあいだに書かれたこれらの学術論文や政策提言は、ある種の「知的な弧」を描いている。初期の論文は、アメリカの戦後秩序構築プロジェクトの論理の起源と基礎に焦点が当てられている。後期の論文は、その後にそれがたどった発展の性質や、冷戦後の運命、単極構造の浮上や、九・一一後のグローバルなテロリズムの脅威などを考慮に入れて書かれたものである。初期の論文のうち二つは共著論文であり、その後の拙著『アフター・ヴィクトリー』に帰結するような萌芽的な考察と議論を提供している。(1) 後期の論文は、グローバルなシステムの激しい変動やブッシュ政権の論争的な対外政策を、私の初期の理論的な議論や政策提言を基礎にしながら、明らかにしようとした試みである。

全体として、本書は四つのテーマを扱っている。第一のテーマは、アメリカの戦後リベラル国際システムの源泉と性質に焦点を当てるものである。ここで私は、アメリカがいかにしてパワーを秩序へと転換し、支配を正統的な権威へと変えていったのかに関心を寄せている。これは、国際秩序がいかにして成立したのか、という古典的な問いかけでもある。第二のテーマは、秩序のなかにおける制度と政治的な取引に焦点を当てる。これもまた同様に、いかにして国際秩序が機能して、またその制度のなかでいかにして諸国家が不確実性と安全保障の欠如を克服しようとその役割を果たしているかという、古典的な問いである。第三のテーマは、アメリカの戦後秩序がいかにしてグローバルなシステム全体の劇的な変化に対応してきたかに焦点を当てるものだ。ここでは私は、アメリカのリベラルな国際主義の立場の、現代における妥当性とその実現可能性に関心を寄せている。というのもこのときに、ブッシュ政権における対外政策の「新しい思考」によって、その背後のパワー、利益、脅威が大きく移り変わりつつあったからである。第四のテーマは、多国間主義の将来に関連したものである。この問題は、国際関係論の学問領域それ自体と同じくらい古くから存在するものである。すなわち、はたして国家のパワーは、そしてこの場合にはアメリカの単極的なパワーは、ルールや法に基づいて構築された国際秩序と共存可能なのであろうか、という問いである。この問いへの答えは、二一世紀の世界政治に見られるであろう性質を考えるうえで、われわれに多くの示唆を与えてくれるであろう。

これらの論文の背景に潜んでいるのは、より大きな問題にかかわる議論である。すなわちアメリカは、ヨーロッパの同盟国や東アジアのパートナー諸国とともに、独自の国際秩序をつくったということである。それは、開かれた市場、社会的な交渉、政府間主義的な組織、そして協調的安全保障に基づいて組織化されたものである。この政治秩序は、アメリカの覇権的パワーと、民主主義諸国間で実現した特別な絆の双方によって、強められたものであった。現在、この秩序が危機のなかにある。アメリカは、制度的に関与し、他国と結びついていることに、とりわけ根深く両義的な態度をとっている。その両義的な態度や躊躇は、冷戦の終焉やアメリカの単極構造、そして新しい安全保障上の脅威によって、さらに増している。しかしアメリカは依然として、リベラルなルールに基づいた秩序を構築し、それを機能させるための大きな動機を有している。同様に重要なのは、その秩序は現在では単にアメリカのパワーや利益の延長線上にあるのではなく、それ自体が生命を有していることだ。アメリカのパワーは増大したり衰退したりするであろうし、その対外政策上のイデオロギーは多国間主義と帝国的な衝動の狭間で揺れ動き、強まったり弱まったりするであろう。だがより幅広くより深いリベラルなグローバル秩序は、いまや現実のものとなっているのだ。そして、アメリカさえもが、それに適合していなければならないのだ。

パワーと覇権秩序

国際秩序は、形成されることもあれば崩壊することもある。アメリカは、一九四〇年代にグローバルな体制を構築する巨大な好機を手にした。それでは、そこでアメリカは、どのような行動をとったのか。またそれをどのように行ったのだろうか。本書の最初の二つの章は、まさに冷戦終結時に書かれたもので、これらの問題に焦点を当てている。一九八〇年代後半において国際関係論における最も大きな論争のひとつは、アメリカの覇権の衰退に関するものであった。ロバート・ギルピン、スティーヴン・クラズナー、チャールズ・キンドルバーガーは、いかにして強大な国家が行動し、経済的および安全保障上の関係を安定化させるかについて先駆的な考察を行った。[2] そこで浮上した問題とは、国際システムは、アメリカのパワーが衰退したと見える状況にいかにして対応してきたのかというものである。これは巨大な問題であるが、私はむしろその前提となる問題、すなわち、いかにして秩序が構築されたのかについて、よりいっそう関心を寄せた。

私は、強大な大国の台頭が国際システムの組織化へとつながっていくような、直線的なリアリストの考え方には満足できなかった。たくさんの疑問が浮かんだのである。アメリカの物質的なパワーは、ルールや合意をつくっていく過程でどのように用いられたのだろうか。戦後体制はどの程度アメリカが強制してつくったもので、どの程度参加諸国の合意に基づいて組織化されたものであったのか。パワーの現実は、戦後の国家間関係においてどの国がより多くの発言力を持つかを決定するが、国家のパワーを行使するうえで理念はいかなる意味を持っているのか。

これらの疑問についての私の最初の回答であり、本書の最初の章でもある「アメリカ覇権の起源を再考する」では、カール・マルクスを模倣して、国際秩序をつくるのは強大な大国であるが、本質的には必ずしも完全にその大国が望むとおりにいくわけではないと主張している。第二次世界大戦後に平和を組織化するうえで、ヨーロッパと協力する試みのなかでアメリカは、「自らが望んだほどのものは手に入れられなかったが、交渉によって手に入れられるよりは多くのものを手に入れた」。アメリカは圧倒的な物質的パワーを有しており、このパワーを制度や合意に転換するプロセスにおいて、交渉による平和構築へ至るための長い旅へ立つことになった。イギリス人たちはアメリカのその提案を鈍化させたり、方向を変えたりすることができる。しかし彼らはまた、アメリカをより直接的で継続的な安全保障関係へと導いていくことも可能であった。アメリカが正統性をそなえて相互に満足のいくような大西洋パートナーシップを望むということは、パワーの不均衡は平和に関する基本的な構図以上のものを確定しないということを意味している。

これらの問題に対する私の二つ目の回答として、さらに「社会化と覇権的パワー」と題するチャールズ・カプチャンとの共著論文において、同じロジックを用いながらもより体系的で歴史的に幅広い視野から議論がなされている。ここでもう一度、同じ問題が提起される。すなわち、覇権国はパワーのより小さな諸国に対して、どのようにして優越的な地位を確立するのであろうか。あるいは、次のような質問がしばしば提起される。すなわち、覇権国は覇権を得たときにいかなる行動を自らとるのであろうか。この論文で、チャールズ・カプチャンと私は、アメリカの覇権秩序はなによりも指導国が物質的誘因を操作することで確立するのか、あるいはパワーのより小さな諸国においてその秩序の規範や目的をエリート層が受け入れることで確立するのか、そのいずれであるのかを知りたいと思っていた。覇権秩序の望ましさについてエリート層が強く確信していくプロセスが、社会化のプロセスなのである。われわれは、強制としてのパワーと、秩序形成プロセスにおける社会化としてのパワーと、この二つを区別することが可能となるようなひとまとまりの仮説を発展させた。そしてこれらの仮説を、二度の世界大戦のあとのアメリカ外交や、インドやエジプトにおけるイギリスの植民地支配の経験といった歴史的な事例において検証した。経験的な記録を通じて作業を進めることで、覇権秩序は物質的誘因の増大に依存しているが、それだけではないとの結論に至った。覇権国は、パワーのより小さな諸国においてエリート層がその秩序を「受け入れる」ようにしたいという誘因を自ら持っている。正統性をめぐるこのような考察は、覇権国が自らのパワーを用いて何をしようとするのかを説明する手助けとなり、またそれはより広い政治秩序において追従をするようになる性質と、その持続性を説明する手助けとなる。

覇権と社会化に関するこのような概念化は、パワーの行使や規範の拡散を明らかにしようとするほかの人びとにより用いられてきた。それは、いわゆるコンストラクティヴィストの研究テーマの一連の成果となっている。(3)この論文が書かれたときに圧倒的な力を持っていた国際関係論のイメージとは、リアリストの理論によって規定されていた。その宣言それ自体は、ケネス・ウォルツによって確立したアナーキーと秩序に関する構造的リアリストのビジョンによってなされていた。(4)ロバート・ギルピンは、国際秩序に関するもうひとつのリアリストのビジョンを提供し、覇権秩序の衰亡としてそれを描いた(5)。アメリカによる戦後体制の起源についての私の問題意識は、より複雑で互恵的な秩序形成のプロセスを明らかにした。アメリカのパワーの卓越性は、第二次世界大戦後の国際関係の組織化がワシントンによって決定的に形成されるであろうことを保証した。しかしパワーには、理念や正統性が必要とされ、そしてこれらの実際的な必要性が、交渉や、妥協や、知的な革新へと扉を開いたのである。

制度と政治的取引

もしもアメリカの覇権秩序が、純粋な強制以外の方法によってももたらされるとすれば、それは制度や政治的取引とともになされるであろう。まさに、冷戦の前と後に歴史的に位置づけられる次のような二つのパズルによって、戦後秩序の制度的側面に直接焦点を当てられるであろう。第一のパズルは、第二次大戦後にアメリカはなぜそれほどまでに制度構築に参画したのか、である。これは注目すべきことであるとともに、かつて見られなかったことでもある。一九四四年から一九五二年までの期間に、アメリカは地域的にもグローバルにも、経済的にも政治的にも、さらには安全保障面でも、制度構築のために異様とさえ思えるほど活発に行動をしてきた。それはブレトンウッズ体制であり、国連であり、関税及び貿易に関する一般協定（GATT）であり、北大西洋条約機構

（NATO）であり、そして日米安保条約である。それらはみなアメリカ主導の秩序の礎石として成立し、またその目的で維持されてきた。このパズルは、それ以前の大国とは異なり、なぜアメリカはこれらひとまとまりの制度を基礎として秩序を構築しようと決断したのかについてである。なぜアメリカは、そのパワーの絶頂において、そのような複雑なルール、制度、そしてパートナーシップへと自らを拘束させる決断をしたのであろうか。そしてなぜ他国は、この制度化された秩序へと加わることに合意をしたのであろうか。

もうひとつのパズルとは、冷戦を越えて持続していることにある。すなわち、なぜこれらの制度は、冷戦の後にまで維持されているのだろうか。構造的リアリストの観点からすれば、アメリカと、ヨーロッパおよび東アジアの同盟国とのあいだに花開いた第二次世界大戦後の並外れた協力とパートナーシップは、二極構造と冷戦下の脅威の存在の帰結であったはずだ。ソ連のパワーという外在的な脅威は、西側が結束する決定的な要因であった。冷戦後はただちに、アメリカ中心のパートナーシップは瓦解するはずだった。ここでパズルとなるのが、少なくとも一九九〇年代を通じて、さらにはイラクをめぐるヨーロッパとアメリカのあいだの危機にもかかわらず現在まで続いて、西側の民主主義諸国およびより幅広い「自由世界」とのあいだの緊密な協力の網の目は、依然として現存しているということである。まさに、一九四〇年代に成立した幅広い秩序のアーキテクチャーが、中核的なグローバル秩序を組織化するロジックを依然として提供しているのだ。西ヨーロッパや日本がアメリカと多様なかたちで結びついているというだけでなく、ロシアや中国もまたそのようになっているのである。これが、リアリストの勢力均衡理論がわれわれにもたらしているパズルである。それを解明するために、戦後秩序に内在する取引と制度に、よりしっかりと目を向ける必要があるということを私は提案する。

本書の三つ目の論文、ダニエル・デュドニーと共同執筆した「リベラルな国際秩序の性質と源泉」は、リベラルな国際秩序の輪郭を描写しようとする試みである。この論文では、西洋的な秩序に関する「構造的リベラル」な論理を明確化するためにも、リアリストの秩序についての諸理論を対象として明確に引き合いに出している。そこでは、冷戦後の国際秩序は、古典的なリアリスト理論が予期していたような方向で機能しているようには思えないと議論している。無政府状態もリアリスト的な覇権も、予期していたような国家の行動様式をつくりだしているようには思えない。西洋的なリベラルな秩序の代案をつくって提示してはいるが、われわれは特定の理論を発展させているわけではない。われわれが提示しているのは、この秩序に関する一連の基本的な性質や視点である。

その第一の性質は、この秩序の内部での「安全保障の拘束」という、国際関係に独特な論理である。アメリカやほかの戦後の民主主義諸国、すなわちイギリス、フランス、ドイツ、日本は、同盟のパートナーシップで結びつきあい、それらの諸国のあいだでの戦略的な安全保障の欠如や不確実性を少なくしようとしてきた。それによって、リアリスト理論が想定する、無政府状態がもたらすような紛争や戦略的な対立を軽減しまた除去してきた。第二の性質は、アメリカの覇権の浸透的で互恵的な側面である。アメリカは開かれた民主的政体であって、外部から政府中央へ向かっていくいくつもの経路が多元的に存在する。それによって、中小国がアメリカのパワーの行使に関与をして、影響力を行使することができる。アメリカのシステムにおけるこれらの制度的特徴は、国内的な民主的システムと、自らが導き手であるより幅広い国際システムの双方において、アメリカの強制的な支配を軽減するためのアクセスを提供している。アメリカの覇権は実際に、リベラルな性質を備えているのである。したがって、安全保障上の結びつきや浸透していく覇権が、ほかの国に対して、アメリカに「均衡《バランス》」するよりも「便乗《バンドワゴン》」するようなインセンティブを与えているのである。

この論文では、リベラルな秩序のさらにほかの側面についても明確にしている。ドイツや日本の半主権的な性質は、安全保障の拘束による結びつきによって説明が可能であり、それによってこれらの諸国に戦後世界で必要とされてきたものが不要となった。すなわち、核兵器を保有しないことであり、むしろ自らの安全保障を多国間（ドイツの場合はＮＡＴＯやＥＵ）や二国間（日本の場合は日米安保条約）の枠組みに埋め込ませることである。開放的な貿易および投資のシステムは、リベラルな秩序のもうひとつの側面である。注目すべきことに、一九三〇年的なゼロサムの考え方や相対利得としての貿易関係は、開放的な市場のシステムへと変貌し、それはアメリカや東アジアとヨーロッパにおけるその同盟国を、よりいっそう単一のグローバルな複合体へと統合させてきた。ジョン・ラギーらによって定義された「埋め込まれた自由主義」としての戦後初期の妥協は、幅広いリベラルなシステムを強固にする政治的な要素を提供してきたのである。[6] 最後に、アメリカとヨーロッパにおける「市民的ナショナリズム」が、古いかたちのナショナリズムを越えた政治的アイデンティティのかたちをもたらすことを容易にした。政治的アイデンティティの複雑さは、戦後のリベラルな秩序に明確なものである。民族的、人種的、宗教的なアイデンティティは、先進民主的諸国の社会においてなかば国家の領域から離れていき、そのかわりに、移民や交流やトランスナショナルな忠誠心がこれらの諸国を結びつけることを可能としている。リベラルな秩序のこれらの側面は最終的なものではなく、あくまでも伝統的かつリアリスト的な秩序のパターンと共存するものである。

第4章の「国際関係論におけるコンスティテューショナリズム」は、アメリカ主導の戦後秩序の制度的な論理についてのより精緻でより信頼のおける理論的な議論となっている。このなかで私は、戦勝国とよりパワーの小さな敗戦国とのあいだの、戦後処理を越えて存続する制度的な交渉に焦点を当てて注目している。またそのなかで私は、主権国家のあいだでいつ、なぜ、そしてどのようにして「立憲的な性質」を備えた政治秩序が出現するのかを描いている。私の観点では、戦後における秩序形成の一般的な問題とは、パワーを行使する際の信頼できる制度的な抑制やコミットメントをいかにして形成するかである。これは、戦争に勝利して平和を組織化する強大な国家と、強国による支配と搾取を懸念する比較的パワーの小さな諸国が欲する利益となる。私が展開する議論では、戦後に現れた秩序の性質は、戦略的抑制に束縛される指導的な国家の意思とその能力との結びつきにあった。もしも指導的な国家が、自らのパワーを抑制する意志も能力も持たなければ、そしてもしも戦後に諸国間で相互に合意できる正統なルールと制度を交渉しなければ、秩序は勢力均衡か強圧的な覇権秩序のいずれかの性格を帯びることになるであろう。しかしながら、指導的な諸国が信頼できるようなかたちでパワーを抑制しまた関与を行い、交渉による解決という枠組みのなかで政治的な譲歩をして、これらの抑制やコミットメントが可能であったので、より複合的で立憲的なかたちの秩序が実現しているのだ。

このような観点からすれば、リベラルな立憲的秩序の核心とは、「パワーにより得られる利益」を減らすような一連の確立した合意なのである。すなわち、ルールや制度は信頼できるようなかたちで確立していれば、強大な諸国がパワーの小さな諸国を支配したり搾取したりする可能性をより小さくするために作用するのだ。そのような諸国間の政治秩序において勝利したり敗北したりすることは、国内の立憲政治において勝利することや敗北することとよりいっそう類似してきている。勝者が手に入れ、敗者は失うが、その利害は最終的なものでも実在的なものでもなく、特定の諸国の幸運は変転するし順番にまわっていく。これらの環境のもとで、無政府状態、パワー、そして支配によるかつての大惨事の危険性は減っていき、諸国間でのより国内政治化された政治の可能性が出現しているのだ。

この論文では、強大国と弱小国とのあいだのこのような立憲的な交渉の論理を描いている。指導的な大国には、抑制とコミットメントを制度化することへの動機がある。これらの抑制とコミットメントは行動の自由を制限することになるが、しかしその結果として制度化された秩序は長期間にわたってその指導的な地位を固定することに資することになる。パワーを行使するうえでの制約はまた、パワーのより小さな諸国がその秩序のなかへと自ら望んで参加するという合意を容易にする。このことによって、指導的な諸国が服従を強制するために必要となるようなコストをかけずにすむようになる。パワーのより小さな諸国は、確立したルールや制度のもとで行動することが必要となるが、だがこれによってより予測可能な秩序が生まれる。それらの諸国は対抗してバランシングを行うオプションを選んだり、あるいは少なくとも強大な国家のリーダーシップに抵抗するのをあきらめるかわりに、それらの諸国の弱い地位ゆえに搾取されたり生存が脅かされたりすることがない保証を得ることができる。この論文では、一九四五年以降の西側のシステムが秩序のさまざまな論理を規定する一方で、コンスティテューショナリズムの洞察にある程度依拠することなしには、そのパターンや性質は完全には理解できないと論じている。

「アメリカのパワーと資本主義的なデモクラシーの帝国」と題する論文で、アメリカ主導の秩序の独自の性質について、私の議論をさらに一歩前へと進めている。最初の観測として、アメリカは冷戦後に唯一の超大国として浮上してきて、世界は単極時代へと突入したと単純に述べる議論がある。私の主張は、このアメリカの単極的な政治構造の形成は、地政学的な環境を構築する過去の覇権国に見られたような純粋なパワーの行使に基づくものと同様ではないからこそ、通常とは異なり持続的なのである、というものだ。実際に、その秩序自体が、先進工業国に広がる資本主義と民主主義のシステムの複合的な融合の上に成り立っており、アメリカのパワーやリーダーシップに支えられているものではないからだ。その秩序は、それ自体で独自の生命を持っているのだ。もしもわれわれが「グローバルな帝国」の時代に生きているとすれば、それは本質的にアメリカ帝国ではなく資本主義的なデモクラシーの帝国なのである。

これはとてもアメリカ的で、楽観的な論文である。そこでは、アメリカはほかの大国が到達しなかったような何かをもたらしていると論じている。すなわちそれは、地球上のあらゆる地域が一つのガバナンスのシステムに緩やかに統合されているような、一つの世界秩序の出現を統括するような地位である。それゆえに私の主張では、アメリカの単極構造とは、拡張的で高度に持続的な政治秩序なのだ。それは国際関係の移行期なのではなく、独自の性質と論理を備えた政治的な構造である。またそれは、帝国であるとか超大国であるとか覇権秩序であるとか、これまでのいかなる歴史的なカテゴリーに容易に収まることができないような構造である。アメリカのパワーは依然としてこの秩序の中核に位置しているが、ただ単に物質的なパワーの大きさ以上の理由によって持続する「根本的な基礎」を備えた秩序なのだ。その結果として、その政治的なダイナミクスや歴史的な軌道は、国家のパワーの台頭と没落を見るだけでは理解できない。二〇〇一年九月一一日の前に書かれているこの論文の議論は、それに続く年月によってたしかに検証されていった。

単極構造とブッシュのグランド・ストラテジー

冷戦期の西側諸国の結束は、驚くべきものではなかった。これら民主主義諸国のあいだの前例のない政治的協力に関する説明は、芸術の専門用語を用いるならば「支配観念」となっていた。リアリストたちは、安全保障協力への動機をもたらすものとして、無慈悲なソ連のグローバルな脅威を力説していた。リベラルな論者たちは、一九三〇年代の諸問題を解決し、安定的な秩序をつくるためにアメリカとヨーロッパを結びつけた経済的および政治的な動機を強調している。しかしソ連の崩壊や二極構造の終焉とともに、来るべき冷戦後の世界の様相についてさまざまな論争がわき起こり、理論的な展望も分裂していった。過去十年間のあいだに、ソ連の崩壊、アメリカの単極構造の浮上、九・一一テロといった戦後国際システムに対する一連の「衝撃」が、これらの根幹的な問題に光を投げかけ、理論的および政策的な論争に火花を散らしてきた。

「冷戦後の混乱という誤った通念」の章では、アメリカとヨーロッパ、そして日本とのあいだで対立や分裂が起きると予期することが誤っていると論じている。ソ連の共産主義という巨大で実在的な脅威がなくなっても、五十年以上前にこれらの諸国がつくりあげた世界が崩れていくわけではない。西側世界の対立や分裂を論じる見解に欠けているものは、単純な見通しだ。すなわち、冷戦の影のなかで民主的な政治秩序を構築しようと努力したこれらの諸国は、すくなくとも意図的に半独立状態にあったのであり、ソ連のパワーに対抗しようという共同のプロジェクトから自由であったのである。西側諸国は、ただ単に何かに「対抗して」いただけではなく、何かを「めざして」それを構築してきたのだ。まさしく、二つの戦後処理が存在した。そのひとつは、よく知られているように冷戦の「封じ込め」の秩序を構築することであった。これは、抑止や同盟協力や二極構造、そしてソ連のパワーの「封じ込め」などを基礎として構築されたものであった。この秩序は、ベルリンの壁やソ連の共産主義が崩壊したこととともに、幕を閉じた。もうひとつの戦後処理とは、気づかれることも理解されることもあまり多くないのだが、西側の民主主義諸国のあいだで構築されたものだ。これは、先進諸国のあいだで戦後につくられた新しい関係の結びつきであり、貿易と政治のリンケージや、共通した問題を管理するための政府間的な組織を構築することを意味する。分裂や混乱を予期する者たちは、この大陸をまたいだ民主主義的な資本主義諸国のコミュニティの政治的真剣さを見逃している。

一九九〇年代末ごろになると、もはやポスト冷戦が多極的な勢力均衡システムへと回帰するといった議論はなされなくなっていた。新しい現実は、アメリカの単極構造であった。アメリカは一九九〇年代初頭に世界でただ一つの超大国となり、どの大国よりも繁栄した十年を過ごしたのだ。(7)クリントン政権の最後の時期には、次のような疑問が浮上した。はたして、深刻な地政学的なライバルも全く存在しないこの歴史的な時期において、アメリカはいかにして自らのパワーを行使するのであろうか。ジョージ・W・ブッシュ政権が成立する以前からすでに、アメリカがグローバルなルールや制度を遵守するか否かについて懸念が浮上していたことを想起することは、意味のあることである。クリントンの国務長官であったマデレーヌ・オルブライトは、次のようによく知られた発言をした。すなわち、アメリカは世界における「欠かすことのできない大国」である。このような認識が、クリントン政権が大国間政治の論争を越えて行動する決意を強めていたのだ。さらに、当時フランスの外相であったユベール・ヴェドリーヌが一九九九年初頭にアメリカを「ハイパーパワー」と論じていたことも、想起するに値するであろう。なんと、二〇〇〇年の大統領選挙の討論で、アメリカが謙虚な超大国であるべきだと論じていたのは、ジョージ・W・ブッシュであったのだ。

「覇権を正しく理解する」の章は、アメリカの覇権は安定や協調の力にもなり得るし、その反対にもなり得るということを人びとに理解してもらうために書かれている。もしアメリカの覇権が「リベラル」な性質を持ち、開放性や互恵性、意志決定の共有、ものを言う機会、安全保障の結びつきなどを示すのであれば、それは世界中の多くの諸国にとって受け入れられるものとなり、国際関係を規定する魅力的な手段となるであろう。もしアメリカがこのようなリベラルなかたちでの組織化に背を向けるのであれば、世界中がそれに抵抗するであろう。この章のテーマは、アメリカのヨーロッパや東アジアのパートナーを、ワシントンの戦略的な意志決定へと統合する重要性についてである。覇権が「利害共有者《ステークホールダー》」として存在するときに、アメリカにとってこの体制が実効的に機能する。アメリカが意識的にパワーを抑制しなければ、世界中の諸国は危険な政治的反動を起こすことになるであろう。

アメリカが二〇〇一年九月一一日のテロ攻撃を経験したのは、このような状況下においてであった。この予期せぬ攻撃は、冷戦初期以来最も遠大にアメリカの対外政策に関する再考を促した。ブッシュ政権や多くの国際政治専門家にとって、これは戦後時代の終わりを告げるものであった。危険で陰鬱な新しいテロリズムの世界の幕開けは、それまでのアメリカの伝統的な国家安全保障についての方針やパートナーシップを変更させねばならないことを意味した。「テロ時代のアメリカのグランド・ストラテジー」の章では、その変更がそれほどすぐに必要ではないと論じている。私の中核的な主張においては、そのような新しい世界はきわめて良いタイミングで実際に訪れた。冷戦を戦った大国、すなわちアメリカ、ドイツ、フランス、イギリスそして日本はすべて、経済的にも政治的にも、そして安全保障においても、緊密なパートナーシップで結びついている。さらには注目すべきことに、中国やロシアがアメリカ中心のこの秩序に歩み寄ろうと戦略的な道のりを歩き出したのである。もしもグローバルなテロリズムが新しいグローバルな脅威だとすれば、その台頭は事実上、冷戦後の「大国間協調」の萌芽を、むしろ強化しているのだ。結局アメリカを脅かすテロリストたちは、伝統的な大国が示したようなイデオロギーを体現しているわけではない。それはトランスナショナルな脅威であって、古くからある地政学的な闘技場の外側に位置しているのだ。九月一一日以降、アメリカはそのパワーを動員し、すぐさまアフガニスタンを侵略したが、しかしこれは国家のパワーの動員がほかの大国に対して向けられていない、アメリカ史で最初の事例となった。

この章のもうひとつのテーマは、アメリカのパワーと対テロ戦争について後に私が書く際に繰り返し触れたものである。すなわち、テロリズムへの一連の対応は、戦後の同盟のパートナーシップや協力の制度へとアメリカを導いていかねばならず、それを拒絶するようなことがあってはならないということだ。対テロ戦争とは、アメリカの軍事力を行使する以上の意味を持つものである。そこではインテリジェンスや制裁、外交、金融規制、開発支援、そしてそれ以外の現在進めているあらゆる努力がともなわなければならない。このような議論で強調されているのは、九・一一はアメリカや世界にとって新しい脅威の種類を明示したことであり、しかしながら多国間主義と安全保障協力についてのアメリカのシステムの美徳や重要性を損なうものではなかったことである。むしろその反対である。

ブッシュ政権は、このような現代におけるアメリカ主導の大国間協調の好機と必要性に関して見解を共有してはいなかった。事実、九・一一によって、アメリカ政府内でそれとはとても異なる種類のグランド・ストラテジーについての見解が顕著となった。「アメリカの帝国的野心」と題する章では、このような根本的に異なった方向性の理念と政策を明らかにする試みを示した。しばしば「新保守主義《ネオコン》」と称される志向性のビジョンによれば、アメリカは国際システムにおける旧来のルールや制度を超越した行動をとる単極的な国家である。私の見解では、この新帝国主義的なグランド・ストラテジーにおいて、アメリカは基準を設定し、脅威を確定し、武力を行使し、そして正義を決めていくようなグローバルな役割を根拠もなく自らに与えている。それは、アメリカにとっては主権がよりいっそう絶対的なものとなるが、国内的および対外的な行動についてワシントンが設定する基準に挑戦する他国にとってはさらに主権が限定的なものとなるようなビジョンである。

ポスト九・一一のブッシュの対テロ戦争の本質は、次のような二つの仮定をともなっている。すなわち、テロリストがわれわれを殺すまえに、われわれが彼らを殺す必要があるということであり、そしてあなたたちはわれわれの側にいるか、あるいはわれわれと敵対的であるか、ということである。ブッシュ大統領は、テロ攻撃のすぐ後の上下両院合同議会において、次のように述べている。「あらゆる地域の、あらゆる国民は、いま決断をしなければならない。あなたたちはわれわれの側にいるのか、あるいはテロリストたちの側にいるのか」。言うまでもなく、このような警告が国際的な支持を幅広く得ることはできなかった。実際には、ブッシュ政権は大国に対しても小国に対しても、世界で最も強大な国家がそれら諸国にどう対応するかは、それら諸国がワシントンの対テロ戦争に忠誠を尽くすかにかかっているのだと、語っていたのだ。そこには、他国が参加したくなるような建設的な国際秩序のビジョンは見られなかった。ブッシュ政権のより全般的な単独行動主義や、国際的なルールや制度や条約、さらにはコミットメントへの抵抗が、事態をよりいっそう悪化させていった。実際に、ブッシュの対テロ戦争はアメリカを、国際法や国際的義務の遵守から解放してしまい、しかしながら同時に他国を、アメリカが強制した基準に従うようなワシントンの指図の下へと追い詰めていった。

このような状況は、アメリカの世界的な地位に対して深刻な危機をもたらしてしまった。その危機は、いまだに解決されていない。もしもアメリカのパワーが、ただ単に軍事力のみによって規定され、威信や信頼、尊敬、そして同盟諸国からの支持のような幅広い資産によって規定されるのでなければ、おそらくアメリカは歴史上かつて見たことのないような巨大な国力の崩壊を目撃するであろう。それは正統性の危機であって、世界中の政府や諸国民はアメリカのリーダーシップや道徳的権威を信じなくなるだろう。

次の章は、「ネオコン時代の終わり」と題するものであり、そこでは議論をさらに一歩進めて、イラク戦争やブッシュの対外政策の単独行動主義的な転回の背後にあるグランド・ストラテジーのビジョンが挫折したことを論じている。私の議論のなかでは、ネオコンのビジョンの背後にある中核的な理念、すなわちそのプロセスや主張、期待が間違っており不適切なものであると論じられている。ひとつの誤った見解は、「単独行動主義のコスト」はそれほど大きなものではなく、そのコストのわりにはそれらは期待された目標に到達するのに価値があるものであるという仮定である。事実、イラク戦争、さらにはより全般的なブッシュ政権が戦後の多国間的なルールや制度を軽視したことからすでに導き出すことのできる教訓のひとつは、そのコストが驚くほど高いものであったということだ。もうひとつの誤った見解は、レーガン政権および冷戦の終結に関するネオコンの理解についてである。彼らの見解では、ソ連の崩壊はレーガン時代の防衛力増強の圧力と、イデオロギー的な戦争の緊迫化によって達成されたものであった。レーガンはその強靭さによって成功を収めたという。しかし、ソ連の対外政策の劇的な変化や冷戦の終結が実際に明らかにしたのは、西側のリベラルな性質や結束、そして究極的な防御性によって一連の「牽引力と促進力」がもたらされ、それが変化の流れを導いたということである。(8) そして最後に、ネオコンによるアメリカのパワーの評価、そして武力行使によって外部世界を変えることができる能力についての評価が、極度に膨張していってしまった。ブッシュ政権の対外政策それ自体が凋落していくと同時に、このような仮定や主張が誤っていたことが痛みをともないながら露呈されつつある。ブッシュ政権はアメリカにおいて大胆な実験を試みて、世界を支配する新しいドクトリンをもたらしたが、結果としてそれは失敗に終わってしまったのだ。

多国間主義の将来

ポスト九・一一に関するこれらの論争を背景として、ブッシュの対外政策は単極構造と多国間主義の将来について学問的および政策的な問いを投げかけている。浮かび上がるひとつの問いは、次のようなものだ。すなわち、対外政策における単独行動主義的な転回が、はたして多国間主義やルールに基づいた秩序に深く根付いた進歩的なアメリカのコミットメントからの一時的な逸脱に過ぎないのか、あるいはそれは実際に、ブッシュ政権やイラクでの大失敗を越えて続いていくような画期的な変化であるのか。事実、問題となるのは、単極構造が単独行動主義に帰結するか否かである。さらにこのことは、より大きな問題にかかわる研究上の問いへと関連する。それは、アメリカの単極構造によって引き起こされる国家の行動様式に焦点を当てたものである。単極構造とは、きわめて新しい種類の国際的なパワーの分布である。それゆえ、それに関する政治的形成について非常に激しい議論が行われているのも驚くことではない。

単極構造の台頭は、アメリカの他国との関係を変えつつある。拡大するパワーの優位性は、アメリカにより多くの行動の自由を与えている。ワシントンが他国にノーと言ったり、単独で行動したりすることが、より容易となっている。軍事的、経済的、そして技術的なパワーの拡大が、世界中での状況の推移をコントロールする機会、あるいは少なくともそのように試みるより多くの機会をもたらしている。しかし単極構造は同時に、ガバナンスの問題を生み出している。二極や多極での競合がなくなれば、どのようにしてアメリカのパワーに規律を与えて予測可能にできるのか、明らかではなくなっている。他国はこれまで以上に、支配や搾取や見捨てられることを懸念している。それらの諸国は、対抗する同盟を形成することはできないかもしれないが、しかしアメリカの政策に抵抗しそれを損なうことはできる。さらには、アメリカに対抗する諸国が民主主義的であれば、その指導者たちはアメリカからの圧力に屈しないようにしようという、選挙での誘惑に駆られるかもしれない。(9)

「アメリカの多国間主義は衰退しているのか」の章では、これらの浮上しつつある協力のパターンや、単極構造の条件下での単独行動主義について、考察を進めている。二極構造から単極構造へのシフトがアメリカの対外政策に影響を及ぼしているが、アメリカにはゆるやかなルールに基づいたシステムの枠内で支援をして行動をする動機が依然としてあると私は論じている。

アメリカの単極構造におけるジレンマには、いくつかの側面が見られる。第一に、単極構造下のパワーの分布は、指導的国家の「正統性の問題」を生み出す。それは、二極構造や多極構造のようなほかのかたちの大国間関係のパワーの分布では経験しないようなものである。まさしく、現在のアメリカの単極構造は、正統性の問題を経験しているのだ。二極構造や多極構造では、国家のパワーが正統性を得るのは容易である。冷戦の二極的な対立においては、アメリカのパワーはその勢力圏下にある他国からは正統と見られていた。なぜならば、そのパワーは相互的な安全保障協定のなかに埋め込まれていたからであり、ソヴィエトの共産主義に対する共同防衛の努力によって示されてきたからだ。アメリカは、「自由世界」のパートナーシップにおいて、「同輩中の第一人者（*primus inter pares*）」であったのだ。

しかし、単極構造の状況下におけるパワーは、正統化することがより困難である。他国がアメリカのパワーの公正さや正統性について基本的な問いを投げかけることはより容易となっている。すなわち、なぜアメリカがシステムを支配するべきなのか。何をもって、その決断が正しいのか間違っているのか、良いことなのか悪いことなのか、あるいはルールをつくり強制することを決めるのか。冷戦後に、クリントン政権はアメリカのパワーを、グローバリゼーションと開かれた市場のチャンピオンとなることで正統化しようとした。いわば、関与と拡大がスローガンとなったのである。アメリカのパワーは、資本主義や民主主義といった進歩主義的な勢力と結びついた。アジア金融危機と反グローバリゼーション運動は、アメリカのパワーのこのような正統性の価値を減じさせた。

ブッシュ政権は、アメリカの対外政策や国際秩序の主要原理の最前線として、対テロ戦争を利用しようとした。しかしテロリズムの恐怖だけでは、アメリカのパワーに正統性を与えるには十分ではなかった。(10)

第二に、単極構造は同時に、アメリカが公共財を提供するのを世界がどのように眺めているかという問題を生み出しているようだ。過去には、アメリカはグローバルに「貢献」してきた。すなわちそれは、安全保障を確実にしたり開かれた市場を支援するといったことであり、それによってほかの諸国はアメリカの優越性に抵抗するよりも、むしろそれと協力する意向を示してきた。公共財が提供されることで、これらの諸国はアメリカの対外政策に対する日々のいらだちを我慢してきたのである。しかし、そのようなトレードオフも変わってきている。今日では、アメリカはより少ない公共財しか提供できておらず、他方でアメリカの支配にともなういらだちがさらに大きなものとなっている。

このようなダイナミズムを次のように考えるのは有益であろう。すなわち、アメリカは、過去においては「リベラル」な覇権を行使する傾向が見られながらも、他方では「グローバル・ガバナンス」の提供者であり、それと同時に自らの国益を追求する大国である点で、ユニークな存在であった。アメリカのリベラルな覇権的な役割は、世界貿易機構（WTO）を成立させ、国際的なルールやレジームの創設に関与し、東アジアやヨーロッパでの協調的安全保障への関与を再保証したことによって明示されている。その大国としての役割はたとえば、自国内の鉄鋼業界や繊維業界を保護しようとするときに明らかとなる。あるいは、ブッシュ大統領が二〇〇四年の一般教書演説で、自国の市民を保護するために武力を行使する場合には、「アメリカに許可証など必要ないのだ」と主張したときに、それは明らかであろう。リベラルな覇権に基づいて行動するときには、ルールと制度に基づくグローバルなシステムを主導し管理しようと試みる。他方で、国家主義的な大国として行動しようとするときには、国内利益を促進し相対的な力の優位を確保しようとする。(11) 現在では、この二つの役割、すなわちリベラルな覇権と国家主義的な大国という立場が、ますます矛盾したものとなっている。

結論として、私は次のように主張する。すなわち、アメリカは引き続き、単純にルールや制度から離れて行動するのではなく、ゆるやかな多国間主義的な秩序のなかで行動を続ける三つの動機がある。第一の動機は、協調への機能的な要請である。アメリカの多国間主義は、ブッシュ政権内で抵抗を受けたりイデオロギー的挑戦に直面するにもかかわらず、支持されていく見通しである。それは単純なロジックによるものだ。すなわち、グローバルな経済相互依存が増していき、多角的な政策の調整の必要性もまた拡大するからである。国家が経済的により深く結びついていけば、国家は自国の目的を達成するためによりいっそう他国の行動に多くを依存するようになる。アメリカにとって多国間主義へと関与する第二の動機は、パワーを維持し、安定的で正統的な国際秩序をつくりだす大きな戦略的利益に基づいたものである。これは、本書の前半の章で深く掘り下げて論じている動機である。単極構造が浮上したからといって、このような正統性と安定性に関して最も重要な覇権国であろうという動機が消え去るわけではない。アメリカが多国間主義を選ぶ最後の理由とは、その政策自体に基づくものである。アメリカは、政治秩序の性質について独特な理解を有している。その啓蒙的で共和主義的、民主主義的伝統は、政体の法の支配にとって不可欠の要素であると規定している。アメリカにおける市民的なナショナリズムの伝統は、法の支配が正統性と政治的包摂の源泉となっているという考え方をさらに強めるものである。この伝統は、多国間主義を志向する対外政策を支える基礎を提供している。アメリカの歩んだ道のり、すなわちその理想と偉業は、未来へ向けても依然として大きな位置を占めているのだ。

おわりに

二〇〇四年以来、ブッシュ政権は暗黙のうちに、アメリカの戦後秩序を解体させようとする試みが失敗に終わったことを認識してきた。それは、過去のリベラル国際主義者の大統領であるウィルソンやフランクリン・ローズヴェルト、トルーマン、ケネディが表象するビジョンを作り直そうとする試みであった。二期目の就任演説で、ブッシュは「アメリカの国益と、われわれの最も深く根付いた信念は、いまや一つとなっている」と宣言し、そして次のようなトルーマン・ドクトリン的なアメリカの関与を規定した。「世界の暴政を終わらせるというわれわれの最終的な目標に向かって、アメリカの政策こそがあらゆる諸国の民主的な動きや制度の発展を求めて支援するであろう」。

しかし、ブッシュと偉大なリベラル国際主義の大統領たちとの大きな違いは、ブッシュが民主主義や自由を促進しようとしたのに対して、ウィルソンやローズヴェルト、トルーマン、ケネディ、そしてクリントンはリベラルな秩序を構築しようとしたことである。より正確には、彼らは秩序なしにはそのような目標は実際には実現できないと信じていたのである。つまり、民主主義を広げたければ、リベラルで民主的な秩序もまた深化させねばならないのだ。

ブッシュの、そしてネオコンの観点では、リベラルな秩序を構築することなく民主主義を広げる関与が可能であるようだ。その理由のひとつは、彼らの観点ではレジームの性質こそが、その制度や条約や民主主義諸国を結びつけるその他の国際コミュニティのさまざまな側面よりも、より重要だということにある。もしも世界中のすべての国家が民主的であれば、国際的なルールや制度などは必要なくなるのだ。つまり、国際的な制度をあまり持たなくても、平和を手に入れられるというのだろう。このような観点は、アメリカの主権や国家的自立について妥協することに抵抗する仲間内の保守主義者たちによって、さらに強固なものとなっている。実際に、民主主義の促進が目標とされているのは、部分的には、アメリカが多国間主義を構築しそこに関与する必要性から解放されるような国際環境をつくりたいからだ。ブッシュ政権やネオコンによるもうひとつの議論は、民主主義の拡大は、現在のリベラルな秩序へと関与することで事実損なわれているというものだ。彼らの見解では、現在のリベラルな秩序は、アメリカが民主主義の拡大を容易にするためにパワーを行使する際には、拘束として働いているという。

ウッドロー・ウィルソンの見解、あるいはより「現実主義的」なリベラル国際主義者の大統領であるローズヴェルトやトルーマン、ケネディ、そしてクリントンの見解は、民主主義の拡大とリベラルな秩序は組み合わせるべきだというものであった。理由の一つ目は、民主主義諸国は、強固なリベラル国際秩序を通じてのみ十分に実現されるような価値や願望を共有していることにある。民主的な「人間」は、自由な個人や市民であって、市民的な感受性や責任感を有し、それは国境を越えて広がるのだ。第二の、そしてより重要な理由は、リベラルな秩序が必要なのは、それこそが長期的に民主主義を拡大するという目標を維持するための共有された資源や協調的な努力を生み出すからだ。まさしく、これは真実である。「簡単な」かたちでの民主化は達成されてきた。それぞれの民主主義の拡大の波のあとの、残された頑迷な諸国がよりいっそう困難に陥る場合には、民主的世界において協調して努力することが求められる。民主主義の拡大には、「民主主義の村」が必要となるのだ。第三に、たとえば多国間主義やルールに基づいた国際関係へのコミットメントというようなリベラルな秩序にアメリカが関与しなければ、バランシングや抵抗、そしてほかの民主主義国の「ただ乗り」を推奨してしまい、アメリカにとってあまりにも高いコストとなってしまう。そしてそれは、国際的なそして国内的なリベラリズムへより広範にコミットメントするための正統性を損なってしまう。

結論として、ブッシュ政権によるリベラル民主主義的な価値の擁護は、不十分であったのだ。ブッシュは民主主義の拡大のために声をあげたが、その価値や制度、そしてより広範な民主主義的なコミュニティにおける相互の責任についてほとんど声をあげなかった。ブッシュは、「世界中で自由の利益を広げていく」ことや、「世界中のあらゆる場所」へと「民主主義の希望をもたらすために積極的な努力をする」ことを求めたが、民主主義の拡大によって強化されるリベラル国際主義の秩序を強化することを求めていたのだろうか。ブッシュを、ウィルソン、ローズヴェルト、トルーマン、ケネディ、クリントン、さらにはレーガンや父ブッシュと異ならせているのは、国際的な民主主義コミュニティに必要な義務やコミットメントや抑制に、注意を払わなかったことなのだ。

以下の章は、第二次世界大戦後の六十年間、アメリカは何か途方もなく特別なことを達成したことを示すものである。それは、リアリストの理論が説明できるものよりも、より頑強で複雑な国際秩序であり、ネオコンが理解できるよりも、より成功したものである。アメリカのパワーと、リベラルな秩序は、歴史的にひとつの時代を共有している。すなわち、それらは相互に結びつき、相互に依存している。アメリカの九・一一以後の対外政策は、この現実を否定しようとしてきたが、しかし近年の世界政治は異なる結果を示してきた。すなわち、パワーとリベラルな秩序は、それぞれが不可分の一体となっているのである。

注

（1）G. John Ikenberry, *After Victory: Institutions, Strategic Restraint and the Rebuilding of Order after Major Wars*（Princeton: Princeton University Press, 2001）（鈴木康雄訳『アフタ

ー・ヴィクトリー――戦後構築の論理と行動』NTT出版、二〇〇四年）。

（2） Robert Gilpin, *War and Change in World Politics* (New York: Cambridge University Press, 1981)；Stephen D. Krasner, "State Power and the Structure of International Trade," *World Politics* 28 (1976): 317–47 および Charles P. Kindleberger, *The World in Depression: 1929–1939* (Berkeley: University of California Press, 1973)（石崎昭彦・木村一朗訳『大不況下の世界――１９２９―１９３９（改訂増補版）』岩波書店、二〇〇九年）。

（3） Alastair Ian Johnson, "Treating International Institutions as Social Environments," *International Studies Quarterly* 45: 4 (December 2001): 487–516 を参照。コンストラクティヴィストの伝統については、John Ruggie, *Constructing the World Polity: Essays on International Institutionalization* (New York: Routledge, 1998)；Martha Finnemore, *National Interests in International Society* (Ithaca: Cornell University Press, 1996) および Alex Wendt, *Social Theory of International Politics* (New York: Cambridge University Press, 1999) を参照。

（4） Kenneth Waltz, *Theory of International Politics* (Reading, Mass: Addison-Wesley, 1979)（河野勝・岡垣知子訳『国際政治の理論』勁草書房、二〇一〇年）。

（5） Gilpin, *War and Change*.

（6） John Gerald Ruggie, "International Regimes, Transactions, and Change: Embedded Liberalism in the Postwar Economic Order," *International Organization* 36 (1982): 379–415. また、G. John Ikenberry, "Creating Yesterday's New World Order: Keynesian 'New Thinking' and the Anglo-Postwar Settlement," in Judith Goldstein and Robert O. Keohane, eds., *Ideas and*

Foreign Policy: Beliefs, Institutions, and Political Change (Ithaca: Cornell University Press, 1993), pp. 57–86 も参照。

（7） Stewart Patrick and Shepard Forman, eds., *Multilateralism and US Foreign Policy: Ambivalent Engagement* (New York: Lynne Rienner, 2002) を参照。

（8） Daniel Deudney and G. John Ikenberry, "The International Sources of Soviet Change," *International Security* 16: 3 (Winter 1991/2): 74–118; Deudney and Ikenberry, "Soviet Reform and the End of the Cold War: Explaining Large-Scale Historical Change," *Review of International Studies* 17 (Summer 1991): 225–50; および Deudney and Ikenberry, "Who Won the Cold War?", *Foreign Policy* 87 (Summer 1992): 123–38 を参照。

（9） 単極構造下で出現しつつある政治について素描する試みには、Ethan Kapstein and Michael Mastanduno, eds., *Unipolar Politics: Realism and State Strategies after the Cold War* (New York: Columbia University Press, 1999) および G. John Ikenberry, ed., *America Unrivalled: The Future of the Balance of Power* (Ithaca: Cornell University Press, 2002) がある。

（10） 左派、右派、中道派の論者がそれぞれ、正統性の危機を論じている。Perry Anderson, "Force and Consent," *New Left Review*, 17 (September-October 2002); Robert Kagan, "A Tougher War for the US is One of Legitimacy," *New York Times*, January 25, 2004 および Zbigniew Brzezinski, *The Choice: Domination or Leadership* (New York: Basic Books, 2004)（堀内一郎訳『孤独な帝国アメリカ――世界の支配者か、リーダーか？』朝日新聞社、二〇〇五年）を参照。

(11) 有益な議論として、Bruce Cronin, "The Paradox of Hegemony: America's Ambiguous Relationship with the United Nations," *European Journal of International Relations* 7: 1 (2001): 103–30を参照。

第Ⅰ部　コンスティテューショナリズムとリベラルな覇権

第1章　アメリカ覇権の起源を再考する

近年、アメリカの覇権の衰退以上に、国際関係を研究する者の関心を集めたトピックはない。アメリカの経済的、政治的、軍事的なパワーが浸食されていることに疑いの余地がない。戦後初期の外交において、アメリカが有する歴史上比類のない圧倒的な資源と力は、同じように驚くべき迅速な国際的なパワーと富の再配分に帰結した。その圧倒的な資源と力は、一九四〇年代にはヘンリー・ルースが「アメリカの世紀」と呼んだものである。「覇権安定論」の理論の枠組みのなかで、学者たちは覇権の衰退やその帰結の意味について、さまざまな議論をしてきた。(1)

国際政治経済学の学者たちは、アメリカ覇権の衰退の帰結について分析をしているが、覇権が優勢な初期の時代を検証する試みはあまりなされていない。覇権的パワーやその衰退についての理論家たちは、戦後初期の時代を見落としてきたのだ。ある学者が「世界の政治経済を構築しルールを守らせるため」と表層的に論じたように、アメリカは戦後に非共産主義の国際システムを組織化したと想定されてきた(2)。世界のほかの工業国が経済的にも政治的にも廃墟となってしまった一方で、アメリカの資源と力は絶頂にあった。通説では、これらの歴史的状況のなかで、アメリカは自らの意志を通して自らの選択で戦後秩序を構築したとされている。

覇権衰退に大きな関心を持つこれらの学者が論じるこの通説は、より注意深く検証する必要がある。だとすれば、戦後初期の時代のアメリカのパワーの起源と性質を再検討することは、意味のあることであろう。そこでいくつかの問いが浮かび上がる。戦後の世界秩序を構築するうえで、アメリカの覇権的パワーはいかに行使されたのか。アメリカは自らの望む戦後秩序を形成するのにどの程度成功したのか。戦後初期の時代にアメリカは何を求めていて、何を得たのか。より重要なのは、アメリカのような覇権国は、覇権を得た際に、いったいどのような行動をとるのか。

これらの問いに答えるために、アメリカの覇権的パワーの性質を再考する必要がある。アメリカは戦後初期の時代に、自らが望んだほどのものは手に入れられなかったが、交渉によって手に入れられるよりは多くのものを手に入れた、というのが私の議論である。そもそも自らが規定した理念や計画という観点からすれば、アメリカはたしかに自らが望んでいたほどのものを手に入れられなかった。しかし戦後の西側システムに帰結するアメリカのコミットメントという観点からすれば、自らが求めていたよりも多くコミットしてきたといえる。アメリカは明らかに覇権的であって、戦後秩序を構築するためにその経済的および軍事的な地位を活用してきた。しかしその秩序は、必ずしも自らの思い通りにつくったものではなかった。覇権的パワーに関する文献で一般的に論じられているよりも、強制力はわずかにしか行使していない。そしてそれが行使された際には、しばしば想定されているよりもはるかに限定的な成功しか収めていない。

私は、次のような全体にかかわる点を三つ指摘したい。第一に、戦後のリベラルな多国間主義的システムを構築しようとした初期のアメリカの試みは、おおよそにおいて失敗に終わった。この試みはそもそも、ヨーロッパへの直接的な政治的および経済的なプレゼンスを必要とせず、アメリカにとって魅力的なはずであったが、東西対立の激化と戦後ヨーロッパにおける経済的および政治的な復興の問題の深刻さを見逃していたために、挫折した。第二に、この道をたどるそれぞれの段階で、アメリカはヨーロッパでの直接的な（すなわち公式でヒエラルキー的な）役割を極力小さくしようとした。アメリカのパワーをヨーロッパへと導き入れ影響を及ぼそうとしたのは、ヨーロッパ諸国の政府であった。それは何よりも、安全保障や資源が欠乏しているからであった。簡潔に言うならば、ヨーロッパにおけるアメリカの覇権は、おおよそのところ「招かれた帝国」であったのだ。第三に、ヨーロッパ諸国はアメリカの関与を促そうとする一方で、リベラルで多国間主義的な理念を作り直そうと行動した。それらの理念は、第二次世界大戦中から戦後にかけてアメリカを動かした理念であった。事実、ヨーロッパ諸国はリベラルな多国間主義を福祉国家のリベラリズム（あるいは埋め込まれた自由主義）へと見事に修正した。アメリカは自らがヨーロッパの外側に居続けることができるようなシステムをつくるために、自らのパワーを行使した。それは、自らを規律する自律的な国際政治経済秩序であった。結局この試みは挫折して、アメリカはより積極的にヨーロッパへと関与をするようになり、ヨーロッパの人びとが実効的に再びつくりあげたシステムを擁護するようになる。

この章では、アメリカの政策の展開を追い、覇権的パワーのメカニズムと限界を明らかにする。アメリカの政策は、これまでにいくつかの段階を経てきている。それは、リベラルな多国間主義の理念に基づいた「一つの世界」という理想の時代（一九四一〜七年）、「二つの世界」という認識と統合ヨーロッパ形成への試みの時代（一九四七〜五〇年）、そしてそれに続く、より直接的なアメリカの政治的および安全保障上のプレゼンスの台頭と継続、すなわち「招かれた帝国」の時代である。これらの政策の変化をていねいに歴史的にたどっていくことで、アメリカの覇権的パワーの性質と限界を再考する必要性が明らかとなるであろう。

覇権的パワーの理論

覇権安定理論の中心的な主張は、国際政治経済における秩序と開放性を構築し維持するためには単一の大国が必要だということだ。それによれば、パクス・ブリタニカとパクス・アメリカーナの時代には、優越的な地位を用いて秩序のある平和的な国際システムを確立することが、覇権国の主要な役割であった。このような主張に基づいて、ロバート・ギルピンは次のように語る。すなわち、「イギリスとアメリカは、リベラルな国際経済秩序のルールをつくり守ってきた」のである。[3] 同様に、覇権国のパワーが衰退すると、国際経済システムの開放性と安定性も衰退していく。一九世紀のイギリスによる秩序の衰退が、アメリカの戦後システムの衰退を予期させる。パクス・ブリタニカとパクス・アメリカーナの時代には、優越的な地位を用いて秩序のある平和的な国際システムを確立することが、覇権国の主要な役割であった。

この仮説では、国家の台頭や衰退と、国際関係の構造とが概念的に強力に結びついているようだ。この種の学者の議論は、チャールズ・キンドルバーガーやロバート・ギルピンの著書に影響を受けてきた。大恐慌の起源についての研究で、キンドルバーガーは第一次世界大戦以前の国際政治経済は、イギリスのリーダーシップに依拠していたと論じている。[4] このリーダーシップの役割には、さまざまな公共財の提供、とりわけ海外で信頼を拡大し、自国内で開かれた市場を維持しようとするイギリスの意志が含まれている。一九二七年初頭に生活必需品の価格が下落し、国際的な信用不足がますます明らかになるなかで、資金の流出を食い止め保護主義的な障壁をつくるなど、悪循環にはまるかたちでアメリカは失敗した。戦間期の国際政治経済システムの崩壊は、余剰生産物のための開放的な市場を維持する能力と意志を持ち、資本のフローを維持する能力を持っている覇権的なリーダー国の不在によるものであった。キンドルバーガーは、戦間期における重商主義への回帰は、イギリスが弱体化してリーダーシップを発揮し続ける力を失い、アメリカにこれらの国際的責任を引き受ける意志がなかったことが大きな原因だと論じている。

同様にして、ロバート・ギルピンはグローバルなリーダーシップの理論を発展させて、そこで国際的な経済・政治秩序を構築し維持する覇権国の積極的な役割を強調している。(5)ギルピンが論じるには、覇権国の台頭が「どの国家がシステムを統治するのかという問題、また同様に、その時代のエートスとして、どのような理念や価値が支配的になるか、という問題を解決する」のだ。(6)このような理論化においては、覇権国が特定の時代の国際関係を規定するようなルールや制度を支配的に形成することになる。ギルピンの議論では、イギリスは自国経済を犠牲にして海外の生産に膨大な投資を行うことで、覇権的パワーとしての経済的基盤を損なってしまったという。(7)さらに二〇世紀において、アメリカは同様の覇権的衰退と不安定のサイクルを繰り返す危険にある。(8)

これらの研究や、新たな知的刺激をもたらす覇権安定論のその他の文献において、現在広がるパワーの分布（すなわち、軍事力や貿易、資本、原材料の管理）と、政治的および経済的な過程の国際組織化のあいだの体系的な関連性を見いだす試みがなされている。そのように試みるなかで、これらの理論はいくつかの仮定を共有する。第一に、彼らは伝統的な資源の観点からパワーを把握する傾向がある。この観点を反映して、ロバート・コヘインは覇権を「物質的な資源の優越性」と定義している。(9)だとすれば、世界政治経済との関連で言えば、覇権的パワーの構成要因には、高度な付加価値を持った製品における競争力の優位性とともに、原材料や市場、資本に対する支配が含まれている。第二に、このような視点によれば、これらの物質的な資源は覇権国に「世界政治経済のルールをつくり強制する」手段をもたらす。[10] 覇権国のパワーは、何よりも強制や誘因、制裁を通じて行使される。実際に、パワーとは明白な締め付けを意味するのである。

この伝統に連なる学者たちはこれらの基本的な仮説を共有しながらも、どのように覇権的パワーが行使されるかという点については意見が分かれている。[11] キンドルバーガーのような書き手は、パワーは基本的に善意に基づいており、公共財やリーダーシップをもたらすものと見ている。[12] この考え方によれば、覇権国のイメージは啓蒙された指導的大国であって、秩序があり互恵的な国際システムによって視野の狭い短期的な国益が覆い隠されている。ほかの論者はむしろ、システムの中核的なルールをつくり押しつけるような覇権国の自己中心的な行動を強調する。[13] このイメージは、自らの国際経済的な地位を強化するためにシステムを構築しようとするような、より強制的な覇権国である。

このような研究における議論では、アメリカの覇権的パワーの衰退が意味するものに焦点が当てられる傾向がある。この段階での問いには、二つの側面がある。第一は、覇権的パワーの衰退が国際レジームにどのように、そしてどの程度影響を及ぼすかである。このような研究のなかでの議論では、アメリカの覇権的パワーの衰退が意味することに焦点が当てられる傾向がある。[14] 第二の論点は、アメリカが覇権的な能力を実際にどの程度失ったかという、すでに触れた問いである。[15]

そのような研究は、国家の興亡と国際政治経済とのあいだに明確な線引きをすることで、戦後アメリカのパワーに関する研究のための豊穣な基礎となっている。アメリカのパワーは簡潔に論じられ、そのイメージは示唆に富むものである。しかしながら、少なくともそこでは二つの問題が見られる。ひとつは理論的で、もうひとつは歴史的なものである。理論的には、そのような研究は、覇権的パワーが国際秩序や国際的開放性を促進する場合に、覇権的パワーがどのように明白なものとなるかについて、明確な理解を欠いている。覇権的パワーのメカニズムと構造が、このような研究のなかでは論じられていない。スーザン・ストレンジは、「われわれは覇権国がパワーを行使するほかのやり方や、そのパワーが用いられる場合のほかの用途を明確には理解していない」と記している。[16]裕福で軍事的に強大な諸国が、自らのパワーを覇権的な支配へといつ転換するのか、そしていかにして転換するのかは、どのような要因によって決まるのか。どのようなメカニズムとプロセスによって、パワーが現れてくるのか。なぜある特定の諸国が覇権国の支配を受け入れ、さらには招き入れるのに、ほかの諸国はなぜそれに抵抗するのか。そして、覇権国の目標は、国際秩序を構築する過程のなかで、どのように変わっていくのか。これらの問いへの答えはまだ出ていない。なぜならば、覇権安定理論は依然として、パワーの物質的な源泉に固執しており、パワーのより多様な側面を探求できていないからだ。

第二の問題は、歴史的なものである。上に述べたように、覇権安定理論の文献においては、覇権の台頭と没落の循環の初期の段階については、わずかな記述しかない。とりわけ、戦後初期に浮上したルールと制度は、アメリカによって創出されたものだと仮定されている。前例のないような国際的地位によってアメリカは、自らの望む国際秩序を創造するための特別な歴史的資格を手に入れたか、あるいはそのように考えられている。われわれはただ単にそのようなパワーの軌跡をたどるのみであって、そのように創出されたルールや制度の運命を分析するのみである。このようなイメージは、歪曲されたものだ。それは、ディーン・アチソンの印象的な言葉を借りるならば、「事実よりもはっきりした」見方である。そしてそれが、引き続いて覇権衰退のプロセスへの誤解につながっていった。もしも戦後初期の時代のアメリカのパワーが通常理解されているよりも圧倒的なものではなかったとすれば、そしてもしもそのパワーがそれほど直接的な方法では行使されなかったとすれば、それは現在の衰退の時期を理解するために、とても重要なものとなるであろう。

戦後アメリカのパワーの限界

物質的なパワーの観点からすれば、戦争が終結する時期において、アメリカは圧倒的な地位を占めていた。この資源およびパワーの格差は巨大であって、それは単に経済力や軍事力の全般的な合計のみならず、アメリカが自ら自由に用いることのできる資源の幅広い集合としてもそうであった。一九〇〇年の時点ですでにアメリカは世界最大の工業国であって、第一次世界大戦の前夜には世界的な工業製品生産において、イギリスやドイツなどそれに次ぐライバル工業国の二倍のシェアを持っていた。この経済的な優越性の傾向は、戦争自体によってよりいっそう明白なものとなり、アメリカの工業力はヨーロッパ諸国の産業基盤を駆逐してさらに拡充していった。(17)

歴史上類を見ないアメリカの地位の特質は、一九世紀のイギリスの経済的な強さとの比較を反映したうえでのことである。国力の絶頂にあったイギリスは、一八七〇年には世界の工業生産の三二パーセントを占めていたが、一九四八年のアメリカは世界の四八パーセントのシェアを占めていた。それぞれの時代におけるイギリスとアメリカのパワーの射程は、往々にして類似していると見なされてきた。しかし、物量的な資源の優位においては、アメリカのパワーのほうがはるかに大きなものであった。

戦後初期の時代における覇権理論の説明が示唆するのは、アメリカはグローバルな政治経済秩序を構築するために、自らの資源を用いてきたということである。一九五〇年代と六〇年代において、アメリカの石油備蓄は、中東での危機と禁輸が繰り返されて起きたグローバルな供給不足の際に用いられた。レンド＝リース法やドル借款は、戦後直後にはイギリスの通商政策に影響を与えるために用いられた。一九五〇年代のヨーロッパの通貨政策に影響を及ぼすために、対外援助が用いられた。(18) 戦後のルール形成や制度構築全般にわたって、アメリカは資源の圧倒的な物量に支えられて、誘因や強制を与えることで影響力を行使してきたのである。

より正確にこの時期の歴史を見ていくと、秩序を構築するうえでの自らのリベラルな制度設計の実現に成功しなかったことが、覇権理論が指摘するよりも、より広い範囲で理解できるだろう。アメリカの政府高官は継続的に、自らのリベラルで多国間主義的な秩序の構想を修正せざるを得なくなったのだ。そして彼らは、そのようなシステムの内側へと他国を導いていこうとするなかで、しばしば自らの道を見失ってしまっていた。

戦後におけるさまざまな通商交渉のなかで、アメリカは首尾一貫したリベラルな政策を追求することが困難となり、またそのための意志を失っていった。貿易自由化のための最も野心的な試みであった国際貿易機構（ITO）の提案は、アメリカ議会の反対によって挫折した(19)。どうにか成立した関税及び貿易に関する一般協定（GATT）は必ずしも包括的な機構ではなく、適用除外や免除条項もあり、農産物貿易については多国間の枠組みの外に位置づけられた。また、スーザン・ストレンジが指摘するように、海洋権益や海運業についても、アメリカはあまり開放的ではない政策を選択した(20)。さらには、イギリスやヨーロッパ大陸諸国が死活的に必要としていたドルや救援基金を抱えており、歴史に類を見ない圧倒的な地位にあるにもかかわらず、アメリカの政府高官はアメリカの政策に賛同するようヨーロッパを説得することに、必ずしも成功を収めたわけではなかった。最近の研究によれば、マイケル・マスタンドゥーノはアメリカがより強硬な東西貿易に関する戦略を採用するようヨーロッパを説得することに、驚くほど効果をあげなかったことを見いだした(21)。さらには、継続的な努力やマーシャル・プランを通じた巨大な援助にもかかわらず、アメリカはヨーロッパをより完全なかたちでの経済統合へと導くことに失敗した。

リベラルな多国間主義から統合ヨーロッパへ

自らの利益や理念と整合するような戦後国際秩序を構築するという歴史に類を見ないような機会

がアメリカに与えられたわけだが、これは無駄ではなかった。しかしながら、一九四〇年代に浮上した秩序は、戦時中あるいは戦後初期に立案者たちが実現しようとしていたものとは異なるものであった。戦時中のアメリカの立案者たちの考える「一つの世界」というアイデアは、ヨーロッパをひとつの独立した中心としてのグローバル・パワーとして確立する試みへと、道を譲った。マーシャル・プランに代表されるこのような修正された計画は、次は二極システム、さらにはアメリカの覇権的なリーダーシップを積極的に求めるヨーロッパの懇願にとって代わられた。

戦時中の政策立案者たちの主たる焦点は、リベラルで多国間主義的な構想に基づいた戦後経済の構築であった。それは、経済的な基礎が適切に用意されれば、政治はそれに続いてくるであろうというリベラルな信念に基づくものであった。「もしも商品が国境を越えなければ、兵隊が国境を越えるであろう」というのが、リベラルな信念を反映した当時のスローガンであった。

戦後の政治や軍事についての計画が不十分であったことは、戦時中というより明瞭な制約によって説明できる。戦後も大国間協調を維持するというフランクリン・D・ローズヴェルトのビジョンは不動のものであって、それを崩すアプローチは戦争が続けられている限り困難であった。一九四七年に至るまでは、戦後秩序は集団的安全保障やリベラルな国際経済を軸とした「一つの世界」となるだろう、という考えが、ローズヴェルト政権やトルーマン政権において中核的な政策として維持されてきた。

さらには、平時におけるヨーロッパでの大規模な軍事的コミットメントや勢力圏的な政策を維持することは、国内的な考慮に照らしても困難であった[22]。リベラルで多国間主義的なシステムであれば、大恐慌や戦争によって勢力圏や経済的ナショナリズムといったヨーロッパの考えが明確に破綻したことを示した世界で、自らの理念を推し進めることができるだろう。もしもアメリカが、もはやヨーロッパの諸問題から孤立し続けることができないというならば、国際政治の論理を変えていかなければならない。このような基礎によってのみ、アメリカが国際的な役割を担うことを議会や世論が認めるであろう。リベラルで多国間主義的なシステムがもしも確立したならば、それ自体が自律的なものとなり、アメリカがヨーロッパへと直接的に巻き込まれるようなこともなくなるであろう。アメリカの人びとが自国の兵隊を帰還させることを強く望んでいたこともあって、理想主義や慎重さが、戦後秩序に関するアメリカの本来の構想を強めたのである。

リベラルな多国間主義の挫折

リベラル多国間主義の抱く原則がいくつかある。たとえば、貿易や金融については二国間取り決めや部分的な取り決めよりも、多国間の枠組みで構築されるのが最良である。通商関係は、市場の民間アクターによって優先的に結ばれるべきである。国家は、貿易や金融関係についての国内的および国際的な制度的枠組みを確立するために行動すべきであり、それは自由化のための国際交渉に参加したり、国際経済の改革へ向けた国内調整を円滑にしたりすることによって実現すべきである[23]。

経済的立案作業に加わった国務省や財務省のアメリカ政府高官は、リベラルで多国間主義的な経済関係を支えるための国際組織をつくる必要について、驚くほど意見を一致させていた。だれもが第一次世界大戦後の挫折を想起していた。その挫折とはすなわち、準備作業の不足であり、アメリカの国際連盟参加の拒絶であり、経済問題への考慮の欠如である[24]。「戦後構想の立案者は、経済的ナショナリズムの遺物を打破する決意をもって結束していた。たしかにアメリカは比較的に自給自足的であるが、世界のほかの場所が経済的に繁栄していることが、アメリカ自身にもとても大きく関係しているということを、彼らは認識している。それは単に、自国の工場や農家の生産物のために海外の市場が必要だというのみならず、世界平和の基礎となるような健全な環境が不可欠であるからだ[25]」。

リベラルで多国間主義的なシステムを保証しようとする戦時中のアメリカの努力の大半は、イギリスに向けられたものであった。イギリスの経済的な政策立案者は一般的にはアメリカのリベラルで多国間主義的な考えに共感していたが、政府の外においては政治的なグループや個人などのあいだで、見解の深い亀裂が見られていた。左派の人たちにとって、自由市場は失業や社会的不正義と結びついていた。イギリスの産業界の一部は、アメリカの産業と競争することを恐れていた。右派にとってリベラルな多国間主義は、帝国特恵関税制度（コモンウェルス諸国間での特恵的な貿易関係）やイギリス帝国を保持するうえで脅威であった[26]。さまざまなかたちでこれらのグループは、国内的、二国間的、あるいは地域主義的な経済関係を好んでいた。

イギリスの帝国特恵制度を解体することを第一の目的として、アメリカ政府高官はいくつかの交渉のツールや利点にうったえることになった。一九四一年のレンド＝リース協定交渉において、アメリカは対英支援とイギリスの貿易慣行における差別的措置の除去とを、結びつけようとした(27)。妥協が実現し、イギリス人たちは多角的な協定の原則に抵抗することができるようになった(28)。

戦後経済秩序の原則やメカニズムに関する英米間の最も重要な議論は、ニューハンプシャー州で一九四四年に行われたブレトンウッズ会議において合意されることになった(29)。これらの通貨に関する交渉において、債権国と債務国の調整のための流動性と責任の配分に関する規定について、英米間の相違点はかなり大きなものであった。イギリス人たちは、財政政策や通貨政策に対する国家的コントロールの優越性、措置を経済成長へと偏らせることの重要性、さらには巨大な量の国際準備金や調整資金のための比較的負担の容易な支払い方式について強調した。

国際通貨基金（ＩＭＦ）や国際復興開発銀行（世界銀行）の創設に帰結する妥協的な合意においても、英米間の主要な認識の相違点は残されていた。アメリカ議会上院の討議において、政府高官は、リベラルで多角的なシステムの制度的基礎が築かれたという印象を与えた。イギリスの経済的な復興のために、さらなる資金は必要ないであろう。こうして、無差別貿易へのイギリスのコミットメントは達成できたのだ。他方でイギリス人たちは、長期にわたるであろう経済的移行期間において、アメリカがイギリスを支援するための関与を確約してくれたと理解し、さらには、アメリカ政府は戦後の経済成長に必要な自己犠牲を払ってくれると考えていた(30)。

英米間の交渉で通貨問題が扱われていたのと同じときに、国際貿易の枠組みについても議論がなされていた。一九四五年、両国間で通商政策について一連の提案が出されていた。無差別貿易や多角的な関税引き下げについてのアメリカの提案にイギリスは十分に合意することができなかったが、これは通貨の分野でも同じであった。すなわち、イギリスは帝国特恵関税制度を廃止するつもりはなかったのである。雇用と経済的安定性についての懸念から、イギリス人は完全な自由貿易体制に不安を抱いていたのだ(31)。

アメリカは一九四五年から四六年までの英米借款協定をめぐる協議の際、自らの経済的優位性を用いてイギリスの通商政策や通貨政策をさらに変える試みを行った。この試みの核心とは、ブレトンウッズ協定より早い段階で差別的貿易を廃止する誓約を得ることにあった。対英借款をめぐる交渉の際に、リベラルで多角的な目的のためにアメリカのパワーを最も強制的に用いる機会が到来した。この問題をめぐる議会の態度を反映して、ある議会報告書のなかでは次のように記されている。すなわち「アメリカのドル借款といった方法での優位性は、世界の安定性という利益のための政治的および経済的な譲歩を導き出すための、われわれにとっての最良の交渉上の武器となっている(32)」。イギリス人たちは、借款の条件を拒絶する余裕などは持ち合わせていなかったのである(33)。

英米借款協定の文言によれば、イギリス人はスターリング・ポンドを対外的に兌換可能な通貨としなければならなかった。しかしこの行動はたった六週間でイギリスの準備金を枯渇させてしまい、兌換を停止せざるを得なくなった。その圧倒的な交渉上の優位性にもかかわらず、アメリカはイギリスを多国間主義的な秩序へと導くことができなかった。さらに、アメリカの構想へと抵抗するためのイギリスの（そしてヨーロッパ諸国一般の）主たる政治的な強みとは、自国の経済的な弱さにあった。多国間主義への迅速な移行は、不可能だったのだろう。

一九四四年から四七年のあいだに、アメリカは多角的な貿易の再建を中核において、国際経済関係の枠組みを確立しようと試みた。この目的は、大きく挫折した。アメリカの政策において最も基本的な障害は、戦争それ自体がもたらした政治的および経済的な混乱であった。リチャード・ガードナーが主張するように、アメリカの提案はあくまでも経済と政治が合理的に均衡している状態を前提としている。

> 個々の国家が世界全体とおおよその均衡を保つことがなければ、多国間主義的なシステムに到達することはできない。不幸にして、戦後の立案者たちは、第二次世界大戦による破壊と混乱のあとに、そのような均衡を達成するために必要な手段を十分に予測することがなかった。多国間主義を実現するために設立された組織は、戦後の移行期の好ましくない圧力に抵抗するようにはつくられていなかった。(34)

覇権的パワーの目的は、自由に用いることができるパワーや影響力と均衡がとれていなかったのだ。さらには、国際経済におけるルール形成を急ぐばかりに、完全雇用や価格の安定、そして社会福祉を促進するための政府の適切な役割について、重要な相違点が覆い隠されてしまった。これらの相違点は、一九四〇年代末に復興と同盟形成のための移行期が終われば、再び現れてくるであろうと思われた。

そして最後に、米ソ対立の浮上という問題があった。アーネスト・H・ファン・デア・ビューゲルは次のように述べている。「アメリカにとっての政治的な希望は、ソ連の政策の性質によってかき消されてしまった。ヨーロッパの完全な廃墟が、経済的安定の希望を破壊してしまった」[35]。つまり、戦後初期のリベラルな多国間主義を導入しようとする努力は、戦時中の「一つの世界」のビジョンを壊した同じ勢力によって、ねじ曲げられてしまったのだ。アメリカ政府高官は第一次世界大戦の過ちを繰り返さぬよう決意していたが、計画それ自体が修正される必要があったと思われる。結局は、リチャード・ガードナーが記すには、政治的および経済的な均衡を早期に取り戻そうとする仮定は根拠がなかったのだ[36]。政治的にいえば、戦後の世界は「一つの世界」ではなく「二つの世界」へと向かっていった。経済的にいえば、ヨーロッパ人たちは深刻なドル不足に苦しみ、アメリカに輸出する七倍もの額の商品を輸入していた。

マーシャル・プランとヨーロッパ「第三勢力」

リベラルで多国間主義的な構想を実現するのが困難であることが明白になっていくに応じて、アメリカの政策はヨーロッパの政治的および経済的な基礎を「第三勢力」として強化する努力へと移っていった。国務省官僚のバートン・ベリーが一九四七年七月に記したとおり、『『一つの世界』と偽るのをやめる」ときが来たのだ[37]。ヨーロッパに向けた新しいアプローチが必要であることは、国務省高官のチャールズ・ボーレンの次のような言葉で強調されている。

アメリカはいまや、戦争直後に主たる政策で予期されていた仮定が大きく変わりつつあるという状況に直面している。政治と経済の双方における戦後の大国間協調のかわりに、ソ連とその衛星国が一方にあり、それ以外の世界が他方にあるという、完全な分裂が浮上してきた。要するに、一つではなく二つの世界となったのだ。このような好ましくない事態に直面し、それをどれだけ嘆いたとしても、自らの幸福や安全という利益、およびソ連ではない自由世界のそれについて考慮して、アメリカはその主要な政策目標を再検討しなければならないのだ。(38)

アメリカの政府高官たちは、ヨーロッパの勢力均衡へと加わることを強いられたのである。したがって、欧州復興計画（あるいはマーシャル・プランとして知られている）の提案によって具体化されているような新しい政策によって、強くて繁栄した統合ヨーロッパを確立しなければならないのだ。(39)重要なことだが、政策の変化が必ずしも、アメリカのヨーロッパへの軍事的および政治的プレゼンスが直接的で永続的となるような勢力圏アプローチに帰結したわけではない。むしろ、その目的は、「第三勢力」として独立した軍事的および経済的なパワーの中核となるようなヨーロッパを確立することであった。

この新しい政策は、国務省内のいくつかのグループによって実施されていた。(40)ヨーロッパをパワーの中心として確立するという新しい目標は、ジョージ・ケナンがすでに考えていたものであって、一九四七年五月に新たに設立されたケナンの政策企画室によって力強く促進されていった。ケナンは一九四七年一〇月に次のように述べていた。「『二極構造』の負担をある程度肩から下ろすためにも、可能な限り早期にユーラシア大陸で自律的なパワーを発展させることが、われわれの政策の重要目標であるべきだ(41)」。

ケナンの政策企画室は、一九四七年五月二三日に最初の政策文書をジョージ・マーシャル国務長官に提出した。彼らが強調したのは、西ヨーロッパでのソ連の行動が直接的な脅威であるということではなくて、戦争で荒廃したヨーロッパの経済的、政治的、そして社会的な体制が、共産主義化を可能としてしまうということであった。ヨーロッパへのアメリカの支援は、「共産主義と戦うことそれ自体に向かうべきではなく、ヨーロッパ社会の経済的健全さと活力を取り戻すことに向かうべきだ(42)」。のちのメモランダムでは、政策企画室は、最終的には欧州関税同盟というかたちへと帰結するような、関税と貿易障壁の除去に導くような多角的な決済システムのかたちをとるプログラムを主張していた(43)。さらには、政策企画室が主張するには、そのプログラムのイニシアティブと責任はヨーロッパ人自らによってなされるべきであった。この政策コミュニティは明らかに、経済的に統合されたヨーロッパの形成を予期しており、それがソ連圏やアメリカとは異なった独自の地位にあることを想定していた(44)。ケナンがのちに記すには、「協調的なアプローチを強調したのは、ヨーロッパがナショナリストとしてではなくヨーロッパ人として思考し、このようなアプローチで大陸の経済問題を考えていくことを期待していたからだ」[45]。

国務省で欧州復興に向けた作業をしていたもうひとつのグループは、一九四七年五月に非常に大きな重要性を持つメモランダムを準備していた。そこには、アメリカの対外援助の目的が記されていた[46]。そこで記されているには、アメリカの政策の主要な目的はヨーロッパの政治や経済を強化することであり、それによってソ連が単独行動的な膨張を止めて、むしろ西側諸国と交渉をするように導いていく条件をヨーロッパでつくることであった。この目的は、力強く、経済的に統合されたヨーロッパを育てることだったのである。さらにそのメモランダムでは、アメリカの政策によってヨーロッパの指導者がよりいっそう西側を志向するようになるよう方向づけるべきだと書かれていた。とりわけ、フランスやイタリア、ドイツで、指導者たちが極左や極右へと漂流することを防ぐ必要があった。それらの政府高官が論じるには、欧州復興計画は経済的な目的と同様に政治的およびイデオロギー的な目標も強調する必要があるであろう。その文書を要約すれば、ビューゲルが記すように、それらの目的を実現するために「純粋に経済的なプログラムでは十分ではないであろう。ヨーロッパの非共産主義国において、現在のイデオロギー的そして道徳的な空白を埋めるための目標をもたらす手助けをするべきだ。そのようなプログラムにおける唯一可能なイデオロギー的内容とは、ヨーロッパの統一性である」[47]。ヨーロッパ統合という理念は、ヨーロッパの政治的および経済的な復興を進めるうえでイデオロギー的な防波堤の役割を果たすことになる。

ほかの国務省高官もまた、政策の転換を求めていた。国務次官のウィリアム・クレイトンが五月一九日にヨーロッパから戻ると、ヨーロッパにおける経済的苦境について警鐘を鳴らした。アチソンやマーシャル宛のメモランダムでクレイトンは、アメリカはヨーロッパ経済の荒廃を過小評価していると述べ、迅速で大規模な行動の必要性を強調して論じた[48]。五月八日、国務次官のアチソンはある演説でヨーロッパ復興の緊急性をとりあげ、マーシャル・プランの伏線を示した[49]。

アメリカの政策の転換点は、ハーヴァード大学でのマーシャルの演説によって、一九四七年六月五日に到来した。アメリカ政府はいまや、ヨーロッパ復興へのより直接的で体系的な役割を担う用意があった。だが国務省高官は、この時期に繰り返し論じられることであるが、あくまでもヨーロッパの指導者たち自身にその計画を組織化する責任があると一貫して主張していた。一九四七年五月二九日の国務省での会合で、たとえば、ケナンは「その計画のなかでヨーロッパが責任とその創案を引き受ける必要があると指摘した。というのもそれは、責任全体をアメリカに押しつけるように考えられる可能性を未然に防ぐ必要があり、またそれが失敗した場合にそれがアメリカの責任として非難されることを拒絶する必要があるからだ」。同様に、ボーレンが記すには、『アメリカのやり方』をヨーロッパに強制するかのような危険性と、ヨーロッパに主要な責任を負わした場合の失敗の危険性」の二つを均衡させる必要があるという。ボーレンが論じるには、アメリカはヨーロッパ人に対して次のようなことを明確にしなければならない。すなわち、「アメリカが自ら進んで援助が可能となるような、唯一の政治的に現実的な基礎とは、ヨーロッパ人自らが経済協力の包括的な計画を進展させるという本質的な根拠を示すことであり、それはおそらくは三、四年後には経済的な連邦として始動するような性質のものである」[50]。

勢力圏的な政策ではない、ヨーロッパの自立性を促進する政策には、実際的な考慮とイデオロギー的な考慮の二つが働いていた。トルーマン政権の内側では、何人もの政府高官たちが共産主義の転覆活動に対してヨーロッパの民主主義を強化していく政策の重要性を強調していた。ほかの高官たちは、仏独関係の再建の意義を唱えていた。さらには、ヨーロッパ経済における生産力拡大と安定性を促していく政策の重要性を論じる者もいた。政権にとっては、ヨーロッパ統合を支持する国内政治的な理由も存在していた。一九四七年には、議会やアメリカ世論において依然として、ヨーロッパに永続的な政治的および軍事的なコミットメントを行うことへの懸念が見られた。そのような国内的な考慮は、マーシャル・プランの援助計画を議会に提示する準備をする過程での、トルーマン政権の政府高官の議論において明らかに示されている。欧州復興計画の予算を決める対外支援立法において、議会はより広範なヨーロッパ統合を援助の条件とした[51]。

統合ヨーロッパの理念は、アメリカの理想とも非常にうまく合致していた。「旧世界における分裂した状況への漠然とした不満やいらだちや、断片化したヨーロッパの国々にアメリカのイメージを移植しようとする強い要望が、アメリカの計画やそれに続く行動において反映されていた」。さらには、国務省高官は自立的で自ら決断できるヨーロッパを支援することで、民主的な制度はよりいっそう成功していくだろうと感じていた。ジョン・ギャディスがこのような考えを次のように概括している。「政治体制の実現可能性とは、その自立性や自発性に大きく依存しているという考えが、一九四〇年代後半にワシントンで一貫して見られた観点である。このような理由から、アメリカ人には反ソ連の連合《コアリション》における驚くほどの多様性を許容する意図があったのだ」[52]。

欧州復興計画では、ヨーロッパにおける経済的および政治的な復興が安全保障上の枠組みへと結びついていった。この文脈のなかで、ケナンの構想がアメリカ政府の政策と最も共鳴していたのだ。高官たちによれば、ヨーロッパの危機とはソ連の圧力的な行動に由来するものではない。政策企画室の官僚たちやそれ以外の者も、「現在の危機は、ヨーロッパの経済的、政治的、社会的な構造に戦争が与えた壊滅的影響に大きく由来する」と確信していた[53]。

経済的および政治的に復興を支援しようとするアメリカの試みに対するヨーロッパの反応は、初期にはきわめて熱狂的なものであった。イギリスの外務大臣であったアーネスト・ベヴィンは、マーシャル演説をBBCラジオで聞いてすぐに、フランス政府との交渉を開始することにした。ヨーロッパ統合への新たな姿勢は、一九四八年一月二二日のベヴィンの演説で明らかとなった。西ヨーロッパの新しい結束のときが来たと宣言し、ベヴィンは「ヨーロッパ文明の歴史的な構成員」による連合の必要を説いた[54]。

初期段階におけるヨーロッパの官僚のあいだでの交渉の主要な成果は、欧州経済協力機構（OEEC）であり、それは一九四八年六月五日に設立された。それぞれの節目ごとに、アメリカは主としてドル支援というかたちを通じて自らの経済力をヨーロッパの統一性のために行使して、同時にその交渉の外部にとどまろうと試みていた。この機構がアメリカによる支援の運営に尽力することに加えて、金融および貿易の自由化の合意もまた促進されていった[55]。

しかし、一九四七年から一九五〇年までアメリカの政策の中核的な目的でもあった「第三勢力」の構築は、アメリカの希望として実現することはなかった。超国家的な政治機構や経済統合の程度をめぐるイギリスとフランスとのあいだの見解の相違が、初期の統合への構想を挫折させたのである。W・W・ロストウが記すには、「イギリスがそれに反対したゆえ、そして統一への経済的条件が早期の復興の条件と必ずしも収斂しなかったゆえ、そしてアメリカが自らの影響力をどのように用いるべきかについて明確ではなかったため、マーシャル・プランは西ヨーロッパを統一に向けて迅速に動かしていくことには成功しなかった[56]」。

一九四九年末に、国務省内でのヨーロッパ統合をめぐる議論のなかで、緊急性を求める論調が聞かれるようになった。アチソン国務長官によって書かれたメモランダムを見ると、政権内での思考が明らかに変化したことがわかる。イギリスがヨーロッパ統合に指導力を発揮することに消極的であるゆえに、「統合への進歩の鍵は、フランス人の手のなかにある」とアチソンは記している。さらには、アチソンはヨーロッパ大陸自らが統合へと進んでいくことに肯定的で、OEECへのアメリカの参加の可能性さえ議論するようになった。しかし、このような見解の変化にもかかわらず、アメリカは引き続き統合によって「ある程度主権が混合する」ようになることを求めていた。

アメリカは「第三勢力」としての自立したヨーロッパを求めていたのであり、アメリカの勢力圏を確立することを求めていたわけではなかった。だが、ヨーロッパ人たちは、そのようなグローバルなパワーの中心を自らの手で組織化することに同意することはなかった。また、自らの覇権的パワーにもかかわらず、アメリカはその通りに実行されることを想像できなかった。初期の段階と同じように、アメリカの政策はグローバルでリベラルな多国間主義を実現することを目指していたが、アメリカのパワーの限界が示されたのだ。この点について、ビューゲルは次のように述べている。

主権国家に関する限り、たとえそれらの諸国が困窮して政治的にも経済的にも無力であったとしても、マーシャル・プランに関して最初の数年のヨーロッパがそうであったように、アメリカのような独特な巨大なパワーを持つ国家であっても、ヨーロッパ統合に導くような長期的な措置を強制することはできないのだ。(57)

皮肉なのは、アメリカがより直接的にヨーロッパの統一へ向けて強制力を行使することを望まず、また統一が進まなかったときのヨーロッパの抵抗はアメリカのパワーの行使の向けられていたのではなく、それがなされようとしていた目的へ向けられていたことだ。アメリカは、直接的で持続的な西ヨーロッパへのコミットメントを避けたいと考えており、そしてその政策が帰結するような勢力圏の出現を望んでいなかった。しかし、東西間の緊張関係が増大し、イギリス政府や大陸諸国政府は「第三勢力」という地政学的な構想に不満を抱くようになった。アメリカの政策の新しい段階が到来したのである。ヨーロッパは積極的にアメリカのパワーを導き入れようとし、NATOというかたちでアメリカの勢力圏に従属した地位を求めた。

引き入れるヨーロッパ——招かれた帝国

一九四七年、そしてその翌年にアメリカは、ヨーロッパ復興の方向性を決定づけるために必要となるような、軍事的および経済的なパワーを保持しているかのように見えた。原子爆弾を独占的に保有し、動員解除されていたが巨大な常備軍を擁し、そして戦争によって増強され工業化された経済力を持ち、アメリカは覇権的パワーに必要なあらゆる要素を備えているかのようであった。さらには、アメリカはヨーロッパが最も必要としていたものを持っていた。米ドルである。一九四七年五月の『エコノミスト』誌が記すには、「週を追うごとによりいっそう、ヨーロッパの生活全体に、巨大なドル不足の暗い影がかかっている。西ヨーロッパが復興するか崩壊するかは、現在ではアメリカからの巨大な輸入に依拠しているのだ(58)」。

それゆえ、ヨーロッパ諸国政府があまりにも見事に、アメリカの対ヨーロッパ政策を弱らせて方向修正してしまったことは、驚くべきことであった。「第三勢力」を構築することにヨーロッパが抵抗したのにはさまざまな理由があり、それは国によって異なっていた。それぞれが、アメリカの覇権的パワーを自国の目的のために用いようとしていた。同時に、完全なかたちでのヨーロッパ統合を拒絶するような考え方は、ヨーロッパへの政治的および安全保障上のアメリカの直接的なプレゼンスをヨーロッパ諸国政府が要請することに帰結した。

イギリスは、そのようなヨーロッパ統合へと最も強く抵抗した。当初イギリスは、マーシャル・プランの大きな政治目的を肯定的に受け止めていた。一九四八年三月の閣議では、イギリスが「アメリカの支援を時間を稼ぐために利用すべきであるが、われわれの究極的な目的は、西欧諸国がアメリカからもソ連からも自立できるようになる地位に到達することであるべきだ」と結論づけられていた。(59) だが実際問題として、イギリス人はこのような方向へと進むことに抵抗を示した。一九四九年一〇月の、ヨーロッパ駐在のアメリカ大使会合で、デイヴィッド・ブルースは次のように結論づけていた。「われわれは戦争終結後に、イギリスに対してあまりにも好意的でありすぎた。イギリスはヨーロッパの経済的な組織化において、いつも障害となっているのだ(60)」。

イギリス人たちは、アメリカとの「特別な関係」を維持することを強く要望しており、ヨーロッパ諸国との連合関係がそれを損なうであろうことを懸念していた。それのみならず、ヨーロッパでパワーの中核を形成するうえでの政治的および経済的な負担によって、イギリスのコモンウェルス体制がさらに摩耗していくことになるであろう。ほかのいくつかのヨーロッパ諸国と同様に、統合されたヨーロッパがいずれドイツかロシアによって支配されることを恐れていた。このような考慮は、アメリカが戦後のヨーロッパにとりわけNATOというかたちをとっていっそうコミットする必要性を暗に示していた。デイヴィッド・カレオは最近、次のように記した。「NATOは理想的な解決方法であるように見なされた。アメリカの指揮官と兵隊たちがヨーロッパの地上防衛の一義的な責任を負うことで、アメリカがヨーロッパを支援するためコミットメントをする意志があることについて疑念がなくなった。イギリスは、自国の陸上兵力と海軍力を自国防衛のために割くことができるようになったのだ」[61]。たしかに、一九五二年にはイギリス人はOEECでの役割の縮小を模索し、NATOにその機能を移そうとしていた。すなわち、ヨーロッパの統一性を犠牲にして、大西洋関係を構築しようとしたのである[62]。

イギリスの政府高官は、ヨーロッパでアメリカの覇権に圧迫されることよりも、アメリカが孤立主義的な地位へと回帰することのほうにより大きな懸念を抱いていた。ギャディスは次のように記す。「恐れるべきことは、アメリカの膨張主義ではなく、アメリカの孤立主義であった。そして、どうすれば膨張主義的な傾向がさらに強化されるのか考えることに、より多くの時間が費やされた」[63]。それゆえに、アメリカがヨーロッパに自身の安全保障を確保するよう促していくなかで、イギリス人がヨーロッパでのソ連の脅威の深刻さを強調し始めたことは、驚くべきことではなかった。一九四八年一月、イギリスの外務大臣であるアーネスト・ベヴィンは、「ソ連の潮流がさらなる浸食をもたらしている」とワシントンに警告を与えて、「西洋文明を守るための物理的な防波堤を強化する」必要があると論じたのだ[64]。

フランス人たちもまた、自国の目的のためのアメリカの資源を用いることを模索し、そして大西洋安全保障関係構築へ向けて動いていた。たしかにフランスは、アメリカが抱くヨーロッパ統合の理念により大きな共感を得ていた。統合は、フランスが優越的な地位を得られる西欧諸国政府間の連合をつくるうえでも、有益であった。政治的および経済的な結びつきによってフランスは、ドイツ経済の再浮上に関して一定の影響力を行使できるようになり、またドイツをより大きな地域的な枠組みのなかに結びつけることができる。(65) しかしながら同時に、フランス人はヨーロッパにおいて、さらに大きな枠組みでアメリカとヨーロッパとの安全保障関係を育むことにも利益を見いだしていた。NATOは、ドイツやソ連を封じ込めるうえでヨーロッパ共同体よりも役に立つであろう。さらには、イギリスも同様であるが、アメリカのプレゼンスのおかげでフランスは自国の資源をヨーロッパ防衛のために用いる必要がなくなり、その資源を植民地帝国を維持するために残すことが可能となるであろう。(66)

ドイツもまた、NATOでのアメリカのリーダーシップを支持していた。西ドイツ首相のコンラート・アデナウアーにとって、大西洋の安全保障関係はドイツの主権を回復して大陸で対等性を回復するための手段であった。ドイツは、イギリスやフランスほどには策謀の余地はなかった。だが、地域統合やNATOへの参加は、政治的および経済的な復興という目標に役立てることができた。(67)

一九四七年末に、アメリカを安全保障関係のなかに引き込もうとするヨーロッパ諸国の努力が加速した。イギリス外相のベヴィンは、一九四七年一二月一五日にマーシャル国務長官に向けて、軍事協力の概要について説明をした。イギリス、フランス、そしてベネルクス三国を中核としたヨーロッパの地域機構は、ほかの西欧諸国やアメリカと結びつくことになるであろう。マーシャルは、その構想への関心を示すそぶりをしたが、アメリカがそのような関与を明確に約束できないことをのちに伝えた[68]。ベルギー首相で外相を兼任するポール＝アンリ・スパークのようなほかのヨーロッパの政治家もまた、アメリカの軍事協力を求めていた[69]。

ベヴィンの迅速な動きは、一九四八年一月二二日の下院での演説において絶頂に達した。のちにベヴィンは、欧州防衛のための軍事力はアメリカの支援なしでは不可能だろうと語った。「アメリカが西ヨーロッパ防衛を支持する保証がないならば、提案されている条約は十分に実効的にはならず、危機が訪れたときに十分に頼れるものとはならない[70]」。

フランス人もまた、アメリカが西ヨーロッパで軍事的な役割を担うよう模索していた。ジョルジュ・ビドー外相は、アメリカに対して、「旧世界と新世界のあいだで唯一の価値ある文明を維持するためにも、ともに責任をもって政治的な分野さらには可能な限り早期に軍事的な分野においても、関係を強化するよう」に呼びかけた[71]。

欧州局長のジョン・D・ヒッカーソンのようなトルーマン政権の高官たちは、西ヨーロッパとの軍事協力関係を発展させるよう促していた[72]。他方で、ジョージ・ケナンが最も代表的な人物となっていたグループでは、軍事的な結びつきという考えに抵抗し、そのことがヨーロッパの統一を目指す政権の目標を打ち壊してしまうと警鐘を鳴らした[73]。この時期のトルーマン政権の公式な立場は、曖昧なものであった。ヨーロッパの懸念には同情的であったが、コミットメントを確立することには躊躇していたのだ。イギリスが繰り返し、アメリカに支持を公言するよう求めたのちに、国務次官のロバート・ロヴェットはイギリスの大使に向けて、ヨーロッパ自らがヨーロッパにおける軍事協力についての議論を進めていく必要があると伝えた。その後の段階になってはじめて、アメリカはこのイニシアティブへ向けた関係を持つことを考慮できるであろう。[74] イギリス人たちは、それにもかかわらず、引き続きアメリカが西ヨーロッパ防衛に参加するよう要請していた。

ソ連が東ヨーロッパを押さえつけて、東西関係をさらに悪化させるチェコスロバキアでのクーデタが起きたあとの三月一二日になってはじめて、アメリカは西欧諸国とのあいだで「大西洋安全保障体制」について協議を開始することに合意した。[75] その後数カ月間に、アメリカとヨーロッパとの相違点は縮まっていき、アメリカは自らが中核に位置するような統合された安全保障体制に同意するようになった。

言ってみれば、アメリカ政府、とくにジョージ・ケナンのような国務省高官は、自立したヨーロッパを目にすることに、ヨーロッパ人以上に強い意欲を持っていた。結局ヨーロッパ諸国政府は、リスクを負い、資源を枯渇させて、諸国間の相違点を解決して自立した「第三勢力」の一部を自ら構成する準備ができていなかった。アメリカの覇権システム、そして二極体制の世界のなかで政治的に生きていくことのほうが、より受け入れやすい選択肢であったのだ。

このように「依存を求める」理由とは、デイヴィッド・カレオが最近指摘したように、おそらくドイツを除いたヨーロッパ諸国が、アメリカの覇権システムのもとで策謀の手段を発展させることができるからだ。[76] それはイギリスの場合に当てはまり、チャールズ・メイヤーは次のように記している。

アメリカの「覇権」のもとでも、イギリスはコモンウェルスの大半や国際収支の不均衡を可能な限り保持できている。イギリスはまた、「ポリビオス的戦略」と呼ばれるもの、すなわちアメリカというローマ帝国のもとでのギリシャ人のような役割を担うとしており、自らの影響力や地位を延命するためにも「特別な関係」に賭けているのだ。[77]

より全般的に述べるならば、ヨーロッパにおけるアメリカのプレゼンスを求めるヨーロッパの行動は、それぞれの諸国の多様な目的に資するものであったのだ。覇権システムのもとで策謀をめぐらせる余地があることで、それらの要望が少なくとも部分的には満たされたのだ。さらには、アメリカとヨーロッパを公式な安全保障関係で結びつけることで、ヨーロッパはアメリカの覇権的パワーの行使に影響を及ぼして方向づけるための基盤を得ることができ、それはアメリカに負わせる負担がより少ない場合よりも、効果的な基盤であった。イギリスや大陸諸国政府が、アメリカの政治的および軍事的なプレゼンスをヨーロッパに招き入れたことによって、この新しい関係は十分にヨーロッパの利益に沿ってかたちづくられ、それによって新しい国際経済システムが構築されたのである。

リベラルな多国間主義から「埋め込まれた自由主義」へ

アメリカは、ヨーロッパにリベラルな多国間主義をもたらすという当初の試みに挫折した。対英借款において最も明示的に表れているように、アメリカの覇権的パワーを強制力として行使することは、おおよそ自己破壊的なものとなった。地域主義的な復興や政治的に自立した統合ヨーロッパへと進んでいくうえで、マーシャル・プランは大きな政策の転換点となった。ヨーロッパ人たちは援助を受け入れたが、多極的な世界での「第三勢力」へと進むという提案は拒絶した。同時に、すでに見てきたように、イギリス外相ベヴィンのリーダーシップによって、西ヨーロッパでのアメリカの安全保障上のプレゼンスが拡大することを、ヨーロッパ人たちは積極的に模索していたのだ。

アメリカは、西側の工業民主主義諸国のグループを防衛するうえで、圧倒的な存在となっていた。だが、それはどのようなグループとなるのだろうか。一九四九年後半には、トルーマン政権の高官たちはそれについて確かではなかった。アチソンは次のように述べる。「アメリカと英連邦とヨーロッパとのあいだのより深い国際的な連携が、どのようなかたちであれば最も望ましいのか、自明ではなかった。そして、はるか先を見通した見取り図について、だれも確固たる確信を持っていたわけではなかったと私は記憶している」(78)。しかしながら、アメリカの政策が転換したとはいえ、トルーマン政権はより長期的な目標として、リベラルな多国間主義を強く意識するようになる。リベラルな経済的国際主義は、初期の段階では欧州復興と冷戦の状況によって妨げられることになるが、少なくともレトリックのうえでは諦められたわけではなかった。一九四七年一一月二二日のラジオ放送で、ウィリアム・クレイトンは次のように述べた。「マーシャル・プラン、すなわち欧州復興計画は、世界のある特定の地域での短期的な緊急的必要性に基づいたものです。国際貿易機構は、長期的な貿易政策、そして世界全体の貿易に基づいたものです。それら二つはかなりの程度、相互補完的であり、相関関係にあるのです(79)」。

このような見解は、希望を示すものにほかならない。アメリカでは初期に、リベラルな多国間主義へ向けた計画が検討されたが、マーシャル・プランはただ単に、ヨーロッパ経済をそのシステムの参加者に位置づける暫定的な手段にとどまるものではなかった。むしろ、このような政策転換を進めていくことで、リベラルな多国間主義の意図した本質的な性質を修正することに役立ったのだ。この政策的な後退、そしてそれによってアメリカの覇権的パワーについて明らかとなったことは、フレッド・ハーシュとマイケル・ドイルによって次のように記されている。

実際に機能している国際経済秩序を動かすアメリカの限定的な能力が示すのは、第二次世界大戦後初期のアメリカが軍事的・経済的な優越性の絶頂にある時期においても、アメリカとほかの西側諸国との関係でアメリカの覇権が絶対的なものには達していないという事実であった。驚くべき事実として、アメリカは自らが望む多角的な貿易秩序を、主要な貿易国に強制することができなかった。ＩＭＦや国際貿易機構（ＩＴＯ）などの主要な規程に示されるとおり、アメリカはそのような秩序の枠組みをかたちづくることは可能であった。しかしそれらの規程それ自体は、当初のアメリカの提案と比較するとかなりの程度修正され、他国にも受け入れられやすいようなものになった。アメリカの本来の提案はこのようにして、移行的措置、無差別や制限の除去における例外、そして通貨兌換性を通じた国際システムの規律からの諸国家の最終的な離脱によって、本質的により弱められていった。(80)

この時期を通じて、これらの譲歩や妥協は間接的なものであり、西ヨーロッパの非共産主義体制の政治的な安定性をアメリカが促進しようと模索するに応じてそれは明らかとなった。大陸ヨーロッパで共産主義体制ではないほかの選択肢を奨励していくための努力は、アメリカ政府によってあらゆる方向から進められていった。国務省では一九四六年にチャールズ・ボーレンが、アメリカは左派を民主的な方向へと導いていく必要があると論じた。「われわれが承認し、さらに支持している現在の世界中の左派運動が、全体主義的な体制ではなくて民主的な方向へと発展していくようになることが、アメリカにとっての明白な利益である」(81)。のちにはジョージ・ケナンが、マーシャル・プランそれ自体が反共産主義勢力の力を育成する鍵となると述べている(82)。イタリアやフランスなど、強大な共産党が政権を手に入れようとしているところでは、アメリカは社会主義政党を含めてあらゆる政党を支援する意志があった。

イタリアでの一九四八年の決定的な総選挙における、非共産主義勢力へのアメリカの支援は、このような戦略を明示したものであった。この時期の差し迫った目標は、イタリアの非共産主義系の社会主義者たちを支援することであった。アメリカ大使であるジェームズ・ダンは、社会主義者や右派の脆弱な政治基盤を強化するために資金を援助する方策を模索していた(83)。これは、イタリア社会党が共産主義主導の選挙協力に加わらないようにする試みであった。結局、アメリカからの水面下の膨大な資金援助や、マーシャル・プラン援助の中止という威嚇が功を奏して、キリスト教民主党が総選挙で圧倒的な勝利を収め議会の多数派を形成した。

西ヨーロッパが非共産主義系政党を中核に構築されて安定することを優先した結果、アメリカの対外経済政策に、より大きな副産物がもたらされた。少なくとも間接的には、このようなコミットメントはアメリカにとっては、社会民主主義的な目標を国際経済秩序構築と整合させる必要があることを意味した。ヨーロッパ復興の成功が政治的に意味するのは、ただ単にリベラルな多国間主義の目標の実現が遅延したというのみならず、それが永久に転換されたことであった。

国際経済的な目標が明示的に変更されたわけではなかったが、しだいにアメリカは修正されたリベラルな多国間秩序を受け入れる方向へと動き始めた。多くの場合にこれは、貿易や通貨の取り決めにおいて、免除規定や規定の簡素化というかたちをとった。それに加えて、これらの妥協は国民経済の自立性のより大幅な受け入れや、完全雇用や社会福祉を追求するうえでの国家の役割の強化を許容することになる。国際市場の規律は、福祉国家の存在によって緩和されていった。戦後経済の取り決めへのイギリスとアメリカのあいだの見解の相違は、アメリカとヨーロッパというより大きな枠組みにおける亀裂を象徴するようなものであった。通貨や貿易のルールや制度を決める交渉のそれぞれの段階において、イギリスは完全雇用や社会福祉における国家の役割増大とうまく釣り合うような取り決めを模索した。

国際経済関係における多国間主義と、国内経済社会における政府介入とのあいだの妥協は、ジョン・ラギーが「埋め込まれた自由主義」と位置づけたものに当たる。(84) 戦後の制度的な再建は、ラギーが論じるには、「国内で安定性を実現するための保証や支援になるような枠組みを産み出し、同時に戦間期に世界を困窮させた、相互に破滅的な対外的な帰結に陥らぬようにすること」を意味した。(85) 換言すれば、ルールは通商関係や通貨関係における無差別性を実現し、しかも福祉国家を促進するために確立された。

ラギーが論じるには、戦争中であっても工業民主主義諸国のあいだには、戦後のリベラルな多国間主義と国内での政府の介入主義が妥協する必要性について、ゆるやかな合意が存在していた。しかしながら、これはあくまでも一般論としてのレベルのものであった。一九四〇年代を通じて、さまざまな妥協が部分的に達成されていった。ヨーロッパ諸国は、国際経済的な取り決めの中核に多国間主義を位置付けるべきであるとするアメリカの主張に根拠をもたらしていた。アメリカは、新たに出現したケインズ主義的な政策や福祉国家の諸規定を擁護する必要性を受け入れるようになった。しかしこれらの妥協は、英米借款協定や国際貿易機構のようなリベラルな多国間主義的措置の挫折と比べると、それほど明示的なものではなく、またそれほど交渉がなされた結果というものでもなかった。

それぞれの交渉の段階でイギリス人たちは、アメリカの通貨および通商についての提案が、生産力や雇用の拡大といった目標に応じるものとなるよう模索していった。アメリカのイニシアティブにイギリスが条件をつけようと対応した背後には、リベラルな多国間主義に反対する左派や右派の多様なグループが存在していた[86]。これらのグループを結集させたのは、国内外の経済的自由主義に対する懐疑であった。当時のイギリスの新聞では、次のように記されている。「われわれは、次のような見解をとりもなおさず受け入れていかねばならない。すなわち、レッセフェールや無制限な分業の日々が終わったのであり、イギリスを含めてあらゆる国が社会的および軍事的な必要性に応じて生産を計画し組織化しなければならないのであり、そして関税や数量規制、補助金という『貿易障壁』としてのこの生産時の規制は必要なものであって、この政策に埋め込まれた一部であるということだ[87]」。

貿易や金融についてのさまざまな協定に関するイギリスでの議論のなかで、ガードナーが記すには、官僚たちは「完全雇用や国内での計画が多国間の協定によって妨げられないことを示すのに、多大な労力を費やしている[88]」。ＩＴＯに関する交渉で、これらの懸念はセーフガード条項や免除規定、そしてこの枠組みから農産物を除外すること、さらにこのような多国間主義への移行期間をおくことにおいて明らかに示されている。あるイギリス政府高官が貿易協定に関する議論のなかで示しているように、「国際的な合意のなかに、免除規定や適用除外、特別措置のような制度を含めねばならず、それがどのように呼ばれようとも、それらによってはじめて、自国民の完全雇用を求める諸国がそのような措置を導入することが可能となるのである[89]」。

国内の経済や社会的な責任を守ろうとするこれらの努力は、主としてイギリスやいくつかのほかのヨーロッパ諸国によってなされたものである。アメリカの提案に抵抗し、修正し、そしてそれを妨害しただけだとしても、ヨーロッパ諸国自身にとってリベラルな多国間主義の性質を修正することは死活的に重要であった。国際経済のルールや制度が発展するうえでの国内的安定性の優位性を主張することで、ヨーロッパ諸国、とりわけイギリスは、戦後経済秩序の性質を見事に修正してしまった。戦後国際政治経済秩序の成功物語とは、リベラルな多国間主義の首尾一貫しない部分的な浮上というよりも、福祉国家の勝利であったのだ。

おわりに

戦後初期の国際システムの構造は、アメリカの理念やパワーの台頭に大きな影響をもたらした。これについて異論はない。ここでの課題は、そのパワーや理念の運命について、これまで一般的に受け入れられてきた理解を再検討することであった。アメリカのパワーは歴史に類を見ないものであるが、それは混じりけのない純粋なものではなかった。アメリカは戦後秩序に関する提案を、完全なかたちで実行することはできなかった。だが、アメリカはもともと予期していたよりも、そしてもともと望んでいたよりも大きな覇権的役割をヨーロッパで担う結果となった。このようなアメリカの戦後の経験についての二面性を理解することによって、われわれはアメリカの覇権的なパワーについての本質、射程、そして限界についてよりよく理解できるのだ。

多国間主義へ向けての初期の努力が挫折したり、ヨーロッパの統一性を促進するような政策が失敗したことは、戦後のアメリカの覇権的パワーの性質について多くを語るものである。ヨーロッパがリベラルで多国間主義的な構想を受け入れるようアメリカがパワーを直接行使することは（それは対英借款の事例で最も明瞭に示されているが）、単純に成功しなかったのだ。同様に、ヨーロッパ地域協力へ向けた修正つき構想の追求についても、それほど直接的な方法ではなかったのだが、やはりうまくはいかなかった。マーシャル・プランの目的は、ヨーロッパ人が政治的な自信を取り戻すことであった。だが、ギャディスが記すように、ひとたびこれが目的となってしまうと、どのようにすれば自信をもたらすことができるかを決定できるのはヨーロッパ人自身なのである。(90) 結局は、それによってヨーロッパへの直接的な軍事的コミットメントが必要となったのだ。

ヨーロッパ人たちは、当初アメリカが提供しようとしていた以上に、より強大でより公式的な覇権システムを求めた。当初考えられていた集団安全保障と経済的な普遍主義に基づく「一つの世界」の構想は、とても低コストなかたちの「パクス・アメリカーナ」であった。ヨーロッパへの責任は最低限であり、それは、優勢なアメリカ議会や大衆の意見にも一致するものであっただろう。ひとたび成立したならば、そのシステムは自律的に機能していくはずであった。アメリカ経済の規模とその競争力を前提とすれば、このグローバルな「門戸開放」は自国の利益にもなるであろうし、伝統的なアメリカの政治および経済におけるリベラルな理念とも共鳴するであろう。しかしながら、このような戦後秩序に関する想定は間違っていただけではなく、経済的および軍事的な資源が優越していたにもかかわらず、アメリカはその計画の中核的な部分を実行することができなかったのだ。ヨーロッパ「第三勢力」の修正つき戦略や、多極世界の構築といった戦略も、同様にうまくいかなかった。そのこともまた、戦後のアメリカのパワーの限界を示すものであった。このような限界は、アメリカ政府高官自身も認識していた。マーシャル・プランを通じた統合ヨーロッパの構想を促していくなかで、トルーマン政権はヨーロッパ自らがイニシアティブをとるべきだと主張した。アメリカがより直接的に圧力をかけても、おそらく自滅的な結果となっただろう。しかしそのような圧力がなかったことで、ヨーロッパ人は協調や統合を確実に制限できたのである。ヨーロッパの経済や社会がとても脆弱であったこととそれ自体によって、アメリカが自身の豊富なパワーを交渉の道具として利用できなかったのだ。アメリカは、圧力をあまり強くかけ過ぎることはできなかった。かわりに、ヨーロッパ人はアメリカを経済および安全保障の関係へと引き込むことができたのである。

最終的に、アメリカはより伝統的な帝国のかたちに帰結していった。すなわち、ヨーロッパへのコミットメントを加えたパクス・アメリカーナである。その結果成立したのは、アメリカの資源を安全保障上のコミットメントのかたちでヨーロッパへと結びつけるような制度的関係であった。それによってヨーロッパ人たちが希少な自らの資源を安全保障以外の場で用いることができるようになり、予期されるアメリカの覇権的なパワーに影響を及ぼすための持続的な制度的手段がもたらされた。萌芽的な福祉国家の存続を保証するために国際経済関係の本質を弱めさせ変容させることで、ヨーロッパ人は自らが再定義できるようなシステムを擁護するようにアメリカを引き込むことに成功した[91]。帝国を研究する者たちがしばしば記すように、帝国の中心と周辺とのあいだで構想や影響力が双方向的に往来していたのである。非公式でより野心的なパクス・アメリカーナを確立できなかったことで、アメリカはそのような双方向的な構想と影響力の往来を経験することになった。

戦後秩序構築へ向けたアメリカの政策が変更していったことは、しばしば東西対立の出現への適応として理解されてきた。妥協が必要となり、また争点の中核が経済中心の戦後構想から安全保障中心のものへと移っていったのは、ソ連に対する脅威認識の浮上であったといわれた。このような理解は、少なくとも二つの点で問題がある。第一に、このような解釈は、アメリカの政策の失敗や、覇権的パワーを思い通りに行使する能力の限界を、ぼやかしてしまう。アメリカの政策が最初の二段階で実行できず挫折したことに焦点を当てることで、これらの限界や、弱者の立場からアメリカのイニシアティブに抵抗できたヨーロッパ人たちの驚くべき能力が明らかとなった。

第二に、おそらく第二次世界大戦後のアメリカの政策にとってより運命的であったのは、ソ連の台頭ではなく、イギリスの徹底した凋落であった。一九四九年秋のパリのアメリカ大使会議で、ドイツ占領地区のアメリカ高等弁務官ジョン・J・マックロイは、「世界でのロシアのパワーの増長があまりにも強調されすぎており、イギリス帝国の崩壊というきわめて重要な要因があまりにも考慮されないでいる」と論じていた[92]。研究者も、同様の問題に陥っている。イギリスのパワーの衰退は数十年にわたり認識されてきており、戦争の荒廃によって加速していき、一九四七年に劇的な転換点を迎えて、一九四〇年代後半にヨーロッパの政治的および経済的な地位の弱体化が決定的となった。以上に述べたような議論に意味があるとすれば、まさしくイギリスと大陸ヨーロッパの弱さによって、戦後にアメリカが覇権的な地位を有意義に活用する能力を失ってきたのだ。皮肉にも、戦後のヨーロッパとアメリカの関係の力の不均衡がより少なければ、おそらくアメリカは戦後のアジェンダをより多く実現するための基礎を得られたのであろう。

注

筆者は、ジョン・ルイス・ギャディス、ロイド・ガードナー、クラウス・ノールの有益なコメントと示唆に感謝したい。この論文の初期のものは、ラトガース大学の戦後アメリカ対外政策に関するセミナーで報告したものである。この研究は、J・ハワード・ピュー自由財団とプリンストン大学国際関係センターの助成を得たものである。

（1）アメリカの衰退に関する最近の研究には、Robert Gilpin "American Policy in the Post-Reagan Era," *Daedalus* 116 (Summer 1987), pp. 33–67 および Paul Kennedy, *The Rise and Fall of the Great Powers* (New York: Random House, 1988)（鈴木主税訳『大国の興亡――一五〇〇年から二〇〇〇年までの経済の変遷と軍事闘争（上・下）』草思社、一九九三年）; David P. Calleo, *Beyond American Hegemony: The Future of the Western Alliance* (New York: Basic Books, 1987）がある。

（2） Robert O. Keohane, *After Hegemony: Cooperation and Discord in the World Political Economy* (Princeton, NJ: Princeton University Press, 1984), p. 37（石黒馨・小林誠訳『覇権後の国際政治経済学』晃洋書房、一九九八年）.

（3） Robert Gilpin, *War and Change in World Politics* (New York: Cambridge University Press, 1981) p. 145.

（4） Charles P. Kindleberger, *The World in Depression, 1929–39* (Berkeley: University of California Press, 1973)（石崎昭彦・木村一朗訳『大不況下の世界――１９２９―１９３９（改訂増補版）』岩波書店、二〇〇九年）.

（5） Gilpin, *War and Change*. パクス・ブリタニカとパクス・アメリカーナの台頭と衰退についての類似点を強調した覇権的パワーの理論化の初期の研究は、Gilpin, *US Power and the Multinational Corporation* (New York: Basic Books, 1975)（山崎清訳『多国籍企業没落論――アメリカの世紀は終わったか』ダイヤモンド社、一九七七年）.

（6） Gilpin, *War and Change*, p. 203.

（7） Gilpin, *US Power and the Multinational Corporation*（山崎訳『多国籍企業没落論』）.

（8） ギルピンは、次のように記している。「一九世紀後半や戦間期によく見られたように、優越的な地位にある経済大国が相対的に衰退し、新しい経済的な中心が出現したときに、経済紛争が起こる可能性が高まる。国際的なリーダーシップが弱まるそのような時期において、国際経済関係は重商主義（経済的ナショナリズム）か、経済大国間の深刻化する競争や取引に特徴づけられる傾向が高まる。そしてリベラルな相互依存的な世界経済が排他的な経済ブロックや、ナショナリズム、そして経済同盟へと帰結する』。Gilpin, "Economic Interdependence and National Security in Historical Perspective," in Klaus Knorr and Frank N. Trager, eds., *Economic Issues and National Security* (Lawrence: Regents Press of Kanzas, 1977), p. 61.

(9) Keohane, *After Hegemony*, p. 32 (石黒・小林訳『覇権後の国際政治経済学』).

(10) *Ibid.*, p. 37.

(11) ダニエル・スナイダルは、他者に有益で説得によって力を行使する覇権と、他者に有益であるが強制によって力を行使する覇権、そして強制的で搾取をする覇権とに区別を行った。Snidal, "Hegemonic Stability Theory Revisited", *International Organization* 39 (Autumn 1985). 同様に覇権的パワーの種類を区別する試みとして、ハーシュとドイルは、協調的なリーダーシップ、覇権レジーム、そして帝国主義を提示した。Fred Hirsch and Michael Doyle, *Alternatives to Monetary Disorder* (New York: McGraw Hill, 1977), p. 27.

(12) Kindleberger, *World in Depression* (石崎・木村訳『大不況下の世界』); また、Kindleberger, "Dominance and Leadership in the International Economy," *International Studies Quarterly* 25 (June 1981), pp. 242–54 も参照。

(13) Gilpin, *War and Change*; Stephen Krasner, "State Power and the Structure of International Trade," *World Politics* 28 (April 1976), pp. 317–43.

(14) この見解の概観として、Stephen Haggard and Beth Simmons, "International Regimes", *International Organization* 41 (Summer 1987)を参照。研究者によっては、社会学的な視座を用いて、制度同様にレジームの役割に焦点を当てており、そのようなレジームにおいて諸国家が自らの利益を規定して追求するプロセスを明らかにする者もいる。Stephen Krasner, eds., *International Regimes* (Ithaca, NY: Cornell University Press, 1983). またほかの研究者は、レジームの維持と国家間の戦略的相互作用とを関連づけるマクロ経済学モデルを発展させている。Keohane, *After Hegemony* を参照。

(15) Bruce Russett, "The Mysterious Case of Vanishing Hegemony; or Is Mark Twain Really Dead?", *International Organization* 39 (Spring 1985); Suzan Strange, "The Persistent Myth of Lost Hegemony," *International Organization* 41 (Autumn 1987).

(16) Strange, "The Persistent Myth of Lost Hegemony," p. 555.

(17) 実質的に、アメリカの国民生産は戦時中に二倍にふくれあがった。アメリカのGNPは、一九三九年の九一〇億ドルから、一九四五年の二一〇〇億ドルへと成長したのである。

(18) Krasner, "American Policy and Global Economic Stability," in William P. Avery and David P. Rapkin, eds., *America in a Changing World Political Economy* (New York: Longman, 1982), p. 32.

(19) このことは覇権的パワーの存在に向けて論じられているのではなく、それを行使するために適した国内の連合の重要性を示唆するものである。

(20) Strange, "Persistent Myth of Lost Hegemony," pp. 560–1.

(21) Michael Mastanduno, "Postwar East-West Trade Strategy," *International Organization* 42 (Winter 1987/8).

(22) フランツ・シャーマンが述べるには、孤立主義の遺産のため、戦後の国際主義的な戦略はリベラルな理念で包まなければ持続させることが困難なものであった。ヨーロッパの粗野なパワー・ポリティクスに巻き込まれることへのアメリカ世論の一部の拒絶感が、対外政策に携わる政府関係者に重くのしかかっていた。そのように巻き込まれることは、それらの論者が言うには、アメリカ政治における例外主義を堕落させていくであろう。結果として、国際主義はヨーロッパのパワー・ポリティクスをアメリカのイメージに沿って書き換えていき、作り替えていくことが必要となるであろう。すなわち、アメリカの例外主義の輸出である。Schurmann, *The Logic of World Power* (New York: Pantheon, 1974).

(23)　アメリカのリベラルな多国間主義の理念は、長く歴史的な起源を持つ。それは、ジョン・ヘイの「門戸開放」宣言や、ウッドロー・ウィルソンの一四箇条の宣言の三項目め、すなわち「可能な限りの経済的障壁の除去」にまでさかのぼることができる。リチャード・N・ガードナーの研究が、依然としてこれらの理念や戦後経済外交の行方についての、最も包括的な説明である。Gardner, *Sterling-Dollar Diplomacy: The Origins and the Prospects of Our International Economic Order* (New York: McGraw Hill, 1969)（村野孝・加瀬正一訳『国際通貨体制成立史——英米の抗争と協力（上・下）』東洋経済新報社、一九七三年）.

(24)　*Ibid.*, p. 4.

(25)　*Ibid.*, p. 12.

(26)　*Ibid.*, pp. 31–5.

(27)　相互援助協定の第七項は、これらの交渉の目的であった。

(28)　Gardner, *Sterling-Dollar Diplomacy*, p. 68（村野・加瀬訳『国際通貨体制成立史』）. 戦後貿

易システムについてイギリスから譲歩を引き出そうとするアメリカの戦時中の努力については、Lloyd C. Gardner, “Will Clayton, the British Loan, and the Political Economy of the Cold War,” in Gardner, *Architects of Illusion: Men and Ideas in American Foreign Policy, 1941–1949* (Chicago: Quadrangle Books, 1970), pp. 113–38.

(29)　通貨に関する合意についての体系的な説明については、Gardner, *Sterling-Dollar Diplomacy*（村野・加瀬訳『国際通貨体制成立史』）および Armand Van Dormael, *Bretton Woods: Birth of a Monetary System* (London: Macmillan, 1978）を参照。

(30)　英米間のブレトンウッズについての理解の相違点についての概要は、Gardner, *Sterling-Dollar Diplomacy*, pp. 143–4（村野・加瀬訳『国際通貨体制成立史』）を参照。また、Alfred E. Eckes, Jr., *A Search for Solvency: Bretton Woods and the International Monetary System, 1941–1971* (Austin: University of Texas Press, 1975）および Van Dormael, *Bretton Woods*.

(31)　Gardner, *Sterling-Dollar Diplomacy*, p. 158（村野・加瀬訳『国際通貨体制成立史』）.

(32)　*Ibid*., p. 198 での引用。

(33)　Robin Edmonds, *Setting the Mould: The United States and Britain 1945–1950* (New York: Norton, 1986), ch. 8 を参照。

(34)　Gardner, *Sterling-Dollar Diplomacy*, p. 382（村野・加瀬訳『国際通貨体制成立史』）.

(35)　Ernest H. Van Der Beugel, *From Marshal Aid to Atlantic Partnership: European Integration as a Concern of American Foreign Policy* (Amsterdam: Elsevier Publishing Co., 1966), p. 19.

(36) Gardner, *Sterling-Dollar Diplomacy*, p. 294（村野・加瀬訳『国際通貨体制成立史』）.

(37) John Gaddis, "Spheres of Influence: The United States and Europe, 1945–1949", in Gaddis, *The Long Peace* (New York: Oxford University Press, 1987), p. 57（五味俊樹ほか訳『ロング・ピース――冷戦史の証言「核・緊張・平和」』芦書房、二〇〇二年）での引用。

(38) Bohlen memorandum, August 30, 1947, *Foreign Relations of the United States* [*henceforth FRUS*] *1947* (Washington, DC: US Government Printing Office, 1987), p. 57.

(39) アメリカの戦時中の戦後構想におけるヨーロッパの役割と、「アメリカの政権の地域主義的な構想への相対的な関心の欠如」については、Max Beloff, *The United States and the Unity of Europe* (Washington, DC: Brookings Institution, 1963), ch. 1を参照。

(40) Beugel, *From Marshall Aid to Atlantic Partnership*, pp. 41–5を参照。ヨーロッパ再建に関する国務省で浮上してきた政策構想やほかの政府高官の考えについての魅力的な説明については、Walter Isaacson and Eva Thomas, *The Wise Men: Six Friends and the World They Made* (New York: Simon and Schuster, 1987), pp. 401–18.

(41) Kennan to Cecil B. Lyon, October 13, 1947, Policy Planning Staff Records. Gaddis, "Spheres of Influence," p. 58（五味ほか訳『ロング・ピース』）での引用。

(42) ケナンが自身の回顧録で引用しているメモランダム。George Kennan, *Memoirs: 1925–1950* (Boston: Little, Brown, 1967), p. 336（清水俊雄・奥畑稔訳『ジョージ・F・ケナン回顧録――対ソ外交に生きて』読売新聞社、一九七三年）.

(43) Beugel, *From Marshall Aid to Atlantic Partnership*, p. 43.

(44) Kennan, *Memoirs: 1925–1950*, pp. 325–5（清水・奥畑訳『ジョージ・F・ケナン回顧録』）; *FRUS, 1947, III*, pp. 223–30.

(45) Kennan, *Memoirs: 1925–1950*, p. 337（清水・奥畑訳『ジョージ・F・ケナン回顧録』）.

(46) この文書の日付は一九四七年六月一二日であり、マーシャルのハーヴァード大学演説の一週間後である。だが、その中核的な構想はすでに浸透していた。H・ヴァン・D・クリーブランドやベン・T・トーマス、チャールズ・キンドルバーガーによって構成されるこのグループは、国務・陸軍・海軍三省調整委員会（SWNCC）報告書へ向けたメモランダムを用意していた。この文書の一部は、Charles P. Kindleberger, *Marshall Plan Days* (Boston: Allen & Unwin, 1987), pp. 4–24において再録されている。Michael Hogan, "European Integration and the Marshall Plan," in Stanley Hoffmann and Charles Maier, eds, *The Marshall Plan: A Retrospective* (Boulder: Westview Press, 1984), pp. 4–5.

(47) Beugel, *From Marshall Aid to Atlantic Partnership*, p. 45.

(48) "The European Situation", Memorandum by the Under-Secretary of State of Economic Affairs, *FRUS, 1947, III*, pp. 230–2. ジョセフ・ジョーンズは、この報告書はマーシャル演説に決定的な影響を及ぼし、演説の用意を促したと論じる。Jones, *The Fifteen Weeks* (New York: Viking Press, 1955), p. 203. 報じられているには、クレイトンのメモは、当初から予定されていたマーシャルのハーヴァード大卒業式での演説に影響を及ぼした。翌日、マーシャルはクレイトンのメモのコピーとケナンの政策企画室文書をボーレンに渡し、アメリカの援助の要請にヨーロッパの参加を招く演説を書くよう彼に指示を出した。

(49) Summarized by Beugel, *From Marshall Aid to Atlantic Partnership*, pp. 47–9; また、Dean Acheson, *Present at the Creation* (New York: New American Library, 1966), pp. 277–30 も参照。

(50) "Summary of Discussion on Problems of Relief, Rehabilitation and Reconstruction of Europe," May 29, 1947, *FRUS, 1947, III*, p. 235.

(51) Section 102 (a) of the Economic Cooperation Act of 1948, as amended, stated that; "It is further declared to be the policy of the people of the US to encourage the unification of Europe."

(52) Gaddis, "Spheres of Influence," p. 59 (五味ほか訳『ロング・ピース』). また、Michael J. Hogan, *The Marshall Plan: America, Britain, and the Reconstruction of Western Europe, 1947–1952* (New York: Cambridge University Press, 1987) も参照。

(53) Beugel, *From Marshall Aid to Atlantic Partnership*, p. 42.

(54) *Ibid.*, pp. 121–2.

(55) W. W. Rostow, *The United States in the World Arena, an Essay in Recent History* (New York: Harper & Row, 1960), p. 216. また、Alan S. Milward, *The Reconstruction of Western Europe, 1945–51* (Berkeley: University of California Press, 1984) も参照。

(56) "The Secretary of State to the Embassy in France," October 19, 1949, *FRUS, 1949, IV*, pp. 469–72. それに続くパリでのアメリカ大使会議では、イギリスの参加なしではヨーロッパ統合を開始することはできないという合意がなされた。

（57）Beugel, *From Marshall Aid to Atlantic Partnership*, pp. 220–1.

（58）*The Economist*, May 31, 1947.

（59）Gaddis, "Spheres of Influence," p. 66（五味ほか訳『ロング・ピース』）での引用。

（60）"Summary Record of a Meeting of United States Ambassadors at Paris," October 21–22, 1949, *FRUS, 1949, IV,* p. 492.

（61）David P. Calleo, *Beyond American Hegemony: The Future of the Western Alliance*（New York: Basic Books, 1989）, p. 35.

（62）Beloff, *The United States and the Unity of Europe*, p. 69.

（63）John Lewis Gaddis, "The Emerging Post-Revisionist Synthesis on the Origins of the Cold War," *Diplomatic History* 7（Summer 1983）. この発言は、少なくとも部分的には、イギリス外務省の新しく公開された記録に基づいている。

（64）"Summary of a Memorandum Representing Mr. Bevin's Views on the Formation of a Western Union," enclosed in Inverchapel to Marshall, January 13, 1948, *FRUS, 1948, III*, p. 4–6.

（65）Maier, "Supranational Concepts and National Continuity in the Framework of the Marshall Plan," in Stanley Hoffmann and Charles Maier, eds., *The Marshall Plan: A Retrospective*（Boulder, CO: Westview Press, 1984）, p. 34 を参照。

（66）Calleo, *Beyond American Hegemony*, p. 35. また、Michael M. Harrison, *The Reluctant Ally: France and Atlantic Security*（Baltimore: John Hopkins University Press, 1981）も参照。

（67） Calleo, *Beyond American Hegemony*, p. 35.

（68） Memorandum by the British Foreign Office, undated, *FRUS, 1947, III*, pp. 818–19. Geir Lundestad, *America, Scandinavia, and the Cold War, 1945–1949* (New York: Columbia University Press, 1980), pp. 171–2.

（69） Lundestad, *America, Scandinavia, and the Cold War, 1945–1949*, p. 172.

（70） *FRUS, 1948, III*, p. 14. イギリスの首相C・R・アトリーは回顧録のなかで、「ブリュッセル条約と大西洋条約は、ベヴィンの作品である」と述べている。Attlee, *As It Happened* (London: Heinemann, 1954), p. 171. また、Escott Reid, *Time of Fear : The Making of the North Atlantic Treaty, 1947–1949* (Toronto: McClelland and Stewart, 1977) も参照。

（71） Lundestad, "Empire by Invitation? The United States and Western Europe, 1945–1952," *Journal of Peace Research* 23 (1986): 270 での引用。

（72） Hickerson memorandum, *FRUS, 1948, III*, pp. 6–7.

（73） Kennan memorandum to Secretary of State, January 20, 1948, *FRUS, 1948, III*, pp. 7–8. また、Kennan, *Memoirs: 1925–1950*, pp. 397–406（清水・奥畑訳『ジョージ・F・ケナン回顧録』）も参照。

（74） Lovett to Inverchapel, February, 1948, *FRUS, 1948, III*, pp. 17–18.

（75） *Ibid.*, p. 48.

（76） Calleo, *Beyond American Hegemony*, p. 35.

（77） Maier, "Supranational Concepts and National Continuity," p. 34.

(78) The Secretary of State to the Embassy in France, October 19, 1949, *FRUS, 1949, IV*, p. 469.

(79) Beloff, *The United States and the Unity of Europe*, p. 28 での引用。

(80) Hirsch and Doyle, *Alternative to Monetary Disorder*, p. 29.

(81) Gaddis, "Dividing Adversaries" in Gaddis, *The Long Peace*, p. 150（五味ほか訳『ロング・ピース』）での引用。

(82) *Ibid.*, p. 154.

(83) James Edward Miller, *The United States and Italy, 1940–1950: The Politics and Diplomacy of Stabilization* (Chapel Hill: University of North Carolina Press, 1986), pp. 243–9.

(84) John Gerard Ruggie, "International Regimes, Transactions, and Change: Embedded Liberalism in the Postwar Economic Order," *International Organization* 36 (Spring 1982), pp. 379–415. また，Robert Keohane, "The World Political Economy and the Crisis of Embedded Liberalism," in John H. Goldthorpe, ed., *Order and Conflict in Contemporary Capitalism: Studies in the Political Economy of Western European Nations* (Oxford: Clarendon Press, 1984), pp. 15–38 も参照。

(85) Ruggie, "International Regimes, Transactions, and Change," p. 393.

(86) Garder, *Sterling-Dollar Diplomacy*, pp. 30–5（村野・加瀬訳『国際通貨体制成立史』）を参照。

(87) *The Times* (London), January 11, 1941. Gardner, *Sterling-Dollar Diplomacy*, p. 31（村野・加瀬訳『国際通貨体制成立史』）での引用。

（88） Garder, *Sterling-Dollar Diplomacy*, p. 234（村野・加瀬訳『国際通貨体制成立史』）.

（89） *Ibid.*, p. 277.

（90） Gaddis, "Spheres of Influence," p. 62（五味ほか訳『ロング・ピース』）.

（91） Michael W. Doyle, *Empires*（Ithaca, NY: Cornell University Press, 1986）を参照。

（92） Summary of Record of a Meeting of United States Ambassadors at Paris, October 21–22, 1949, *FRUS, 1949, IV*, p. 485.

第2章 社会化と覇権的パワー

歴史上のほとんどの時代は、国際政治の展開を支配することができる大国の存在によって特徴づけられる。これに関して学問の世界においていまも残っている問題は、覇権国が投げかけている影の部分の性質を明らかにすることである。いかにして覇権国は、国際システムにおいて他国を支配するのか。またどのようなメカニズムをとおして、支配が確立されるのか。どのようなプロセスによって、その支配が衰えてゆくのか。さらに、いかにして他国を従属させて、またそれが保たれるのか。

多くの論者は、物質的な誘因を用いることこそが、覇権的パワーが行使される主たる方法であると主張する。物質的な誘因を用いることとは、従属国の指導者の選好を変えるような脅威や約束を活用することである。このような考え方によれば、パワーとは、物質的な資源を活用することに直接関係するものである。また、従属国が黙って従うようになるのは、覇権国が強制した結果によるものである。さらに覇権国の誘導や制裁を通じて、従属国は非協力を貫くよりも、覇権国に協力することが確実となるのである。

だが覇権的パワーには、より理解の難しい部分もある。それは、物質的な対価よりもむしろ、本質的な信条のレベルにおいて作用するものである。このような考え方によれば、従属国が黙って従うようになるのは、従属国の指導者が社会化された結果である。すなわち従属国のエリートは、覇権国が提唱する規範を受け入れ、自らのものとすることで、覇権国の国際秩序に関する考えと整合性を持つような政策を追求するようになる。その意味でパワーの行使とは、覇権国が規範体系を提唱し、他国の指導者がそれらを受け入れることを必然的に含むものである。したがって、これも従属させるメカニズムなのである。

本章の目的は、国際システムにおける社会化について理解を深めることである。また、社会化が生じ、それがパワーの源泉として有効に機能するための条件を定義することである。社会化とはパワーの重要な一要素であるにもかかわらず、その運用のメカニズムや条件を理解するには不十分な分析用具しかない。ここでの目的は、覇権的パワーの源泉として物質的な誘因を駆使することの重要性を低めることではない。むしろ、従属国が黙って従うようになるのは体系的な規範的理念が普及することから生まれてくるという、覇権的パワーの異なる側面を規定し説明する手段を発展させることにある。

まず、国際的な文脈における社会化の概念の理解を深め、社会化に関する既存の研究を参照しつつ、国内的なレベルでそれがどのように反映されるかについて知ることから始める。そのうえで、従属国のエリート・コミュニティにおいて規範や信条が埋め込まれてゆくメカニズムについて詳しく述べる。つぎに、社会化が生じる条件に関して三つの仮説を説明し、それらを検証する。第一の仮説は、社会化は主に戦争や政治的危機の後で生じる、ということである。すなわち、国内的なレベルにおける連立政権の解体や正統性の危機だけでなく、国際的なレベルにおける混乱や再編に特徴づけられる時期を経たのちに起こる。このような国際的・国内的な不安定状態が同時に生じることによって、社会化をもたらす条件が形成される。国際的なレベルでは、覇権国が台頭する際に、彼らは自らの利益に沿った秩序の構築を促進するため、規範的理念体系を提唱する。また国内的なレベルでは、危機によって以下のような環境が形成される。まずエリートは、信用性が失われた既存の規範に代わるものを求めるようになる。そのようにして出現してきた新たな規範は、政治的な利益や政界再編の機会を与えるようになる。第二の仮説は、覇権国の提唱する規範を受容する（大衆の対極としての）エリートこそが、社会化のプロセスに本質的に重要ということである。規範とは初めは大衆のあいだに根付くものかもしれないが、国家の行動に重要な影響を及ぼすべきならば、それはエリート・レベルに拡がってゆかねばならない。また政界再編は、ほとんどの場合、規範が大衆からエリート・コミュニティのなかに浸透してゆくメカニズムとして作用する。第三の仮説は、社会化は主にパワーを強制的に行使した後に生じる、ということである。すなわち社会化とは、物質的な誘因を駆使するというパワーの明示とは一線を画しているものの、そこから独立して起こるものでもない。物質的な誘因は社会化のプロセスの引き金となるとはいえ、それでも社会化は、強制的なパワーの行使という言い方では単純に説明することができないような結果をもたらす。以上のこれらの仮説を、第一次・第二次世界大戦後のアメリカ外交や、インドやエジプトでのイギリスの植民地統治の経験などの歴史的事例を通じて検証しよう(1)。

強制としてのパワーと社会化としてのパワー

覇権国がパワーを行使し、他国が黙って従うようになるには、二つの基本的な方法がある(2)。第一は、「物質的な誘因」を駆使することによってである。覇権国は、制裁の脅威や利益の約束などを通じて、他国を取り巻く政治的・経済的な誘因を変えてゆく。このような物質的な誘因を駆使することによって、覇権的秩序に沿った政策の変化が生まれてくる。実際に覇権国は、他国が特定の政策を追求するうえで直面する損失や利益を変えるため、制裁や誘導を活用することによってパワーを行使する。覇権国がパワーを行使する第二の基本的な方法は、他国の指導者の「本質的な信条」を変えることによってである。覇権的支配とは、次のような場合に起こる。すなわち、他国のエリートが国際秩序に関する覇権国の考えを支持し、それを自らのものとして受け入れるときである。

言い換えるならば、それは、他国のエリートが覇権国の支持する規範や価値指向を自らのものとし、国際システムの性質に関する規範的主張を受け入れるときである。このような規範や価値指向とは、人間の性質に関する深遠な哲学的信条から、短期的な利益を最大化させる政策体系とはどのようなものかというより狭義の信条に至るまで、分析上の諸相を占めるものである。[3] したがって、国家の行動指針や、エリートが特定の政策を選択するためのアジェンダの形成などにも作用する。[4] このようにパワーとは、従属国の指導者の規範や価値指向が変化し、覇権国のそれをより近いかたちで反映するような、社会化のプロセスを通じて行使されるのである。そのような状況下においては、規範が普及して価値指向が再形成されることによって従属国は黙って従うようになるのであり、単純に物質的な誘因を駆使することによってのみではないのだ。[5]

これら二つの覇権的パワーの行使の仕方は相互補完的なものであり、ときとして区別することが困難である。それでも、それらを分析上区別することは有用である。なぜなら、それらは全く異なるメカニズムに依存しており、覇権的パワーの根幹となるそれらの構造や持続性に関して全く異なる考え方を提示するためである。理論的な意味では、覇権的パワーに社会化を含めて理解を広げることにより、いかにして国際システムにおいて秩序が出現し発展してゆくかについて新たな知見がもたらされる。また、覇権的秩序におけるエリートの社会化は、覇権的パワーの強化にもつながる。なぜなら力に基づく支配は、正義に基づく支配によって質が高まるためである。さらには、よりコストもかからない。なぜなら価値や利益に関してより根本的な一致があるために、従属国が黙って従うようになるための覇権国の経済的・軍事的費用はより少なくてすむからだ。このような覇権的パワーの側面により、さらには次のようなことも説明することができる。それは、なぜ所与の国際システムで通用している理念や規範は、そのシステム内での軍事的・経済的能力の相対的分布と同様のかたちで変化していかないのか、ということである。すなわち、従属国の規範や価値指向は、覇権国の経済力・軍事力が実質的に衰退する前に変化することがある。あるいはその反対に、覇権国が衰退した後も長続きし、そのシステムが「時代を越えて」永続することもある。これらを考慮すると、端的に言えば、社会化とは覇権システム内の機能や変化を理解するうえで鍵となる要素となり得るのである。

社会化の重要性を実証することはさらに難しい。この問題の核心は、強制だけが作用する場合に起こると予想される結果が、社会化と関連する結果と実質的に同じものとなるかもしれないことである。従属国に、ある政策をとるよう誘導する場合、覇権国は実際には強制と社会化の両方を、ひとつの目的を達成するために行使しているかもしれない。したがって、物質的な誘因を駆使したのか、あるいは本質的な信条が変化したのか、どちらから特定の結果が起こっているのかという範囲を定めることは困難である。ただし物質的な誘因の観点のみから説明し得る結果があったとしても、それは社会化の事例を損ねるものではない。逆に、社会化が結果に重大な影響を持つと主張する論者に対して証明責任が求められているのは、これまで覇権的秩序に関する研究が、単にパワーの物質的な側面への関心に支配されがちであったために過ぎない。だが、いかなる単一のパラダイムにも、支配的地位を認めるべきではないと考える。なぜなら単一のパラダイムによる説明では、結果を説明するうえで、社会化と物質的な誘因のそれぞれに当てられるべき相対的重要性に関して、より慎重に検証することができなくなってしまうためである。

規範の変化のインプリケーションを実証するうえでのもうひとつの問題は、覇権国の物質的資源の優位性が衰退しているときにこそ、社会化の重要性が方法論的な意味で最も分析しやすいということである。覇権国の強制する能力だけでは、覇権的秩序の維持をもはや十分に説明することができないような時期においてこそ、規範の重要性は最も明白となる。ただし本章の目的は、覇権国と従属国とのあいだの相互作用の早期の段階において、どのような場合にいかにして社会化が作用するのかを理解することである。そのため、社会化がその結果にどう影響を与えるのかについて、覇権システムのその後の展開までより深く検証することは、筆者の検証範囲を越えてしまう。

以上のような方法論的な問題をともないながらも、以下のケース・スタディは、社会化が覇権秩序の形成に重要な役割を果たしてきたことを示すものである。第一次世界大戦末期、ウィルソン大統領がヨーロッパの左派に対して唱えた規範的議論は、ヴェルサイユ条約の条項に著しく影響を与えた。もしウィルソン大統領が、「十四カ条の宣言」で具体化した考えをヨーロッパのエリートたちに、より十分なかたちで根付かせることができていれば、戦後秩序は劇的に異なるものになったかもしれない。また第二次世界大戦後、アメリカの政策担当者らは、ヨーロッパのエリートたちに規範体系を埋め込むことにより、大きな成功を収めた。アメリカは、ヨーロッパの人びとに植民地主義や経済的ナショナリズムの考えから脱却するよう説くことによって、戦後秩序形成の基盤となる規範的合意をより強固なものとすることができたのである。さらにインドやエジプトでのイギリスの統治を検証することもまた、社会化の重要性を明らかにするものである。イギリスはインドの政治文化に浸透しつつそれを作り変えてゆく能力を持っていたため、イギリスの統治はより円滑なものとなり、またイギリスの覇権の時代がインド政治に永続的な影響を及ぼしたのである。対照的に、エジプトではイギリスが強権的なリーダーシップに過度に依存しており、そこでのイギリスの覇権はより脆弱なものとなってしまい、エジプトの政治文化に深い影響を与えなかったのである。

国際関係論における社会化の理論の発展

誘導や脅威に基づいた覇権的秩序とは、覇権国が桁外れな規模の物質的資源を支配することにのみ依存している。そのような多様な種類の資源を活用することで、他国の動機を変えるのに有効な場合もある。たとえば、経済制裁の実行や解除、対外援助や軍事支援の申し出や差し止め、軍事介入による脅しや実際の行使、覇権国の国内経済への海外からの参入許可や禁止による国際市場におけるパワーの行使、などがあげられよう(6)。それらに加えて、覇権的パワーの構成要素には、軍事的能力、原料・市場・資本の支配、高付価製品の競争上の優位なども含まれる(7)。

だが覇権の強制的な側面を中心に論じている学者でも、それのみで議論を完結させる者は少ない。

たとえば、ロバート・コヘインは次のように述べている。「覇権理論は、ルールの形成・実施にかかわる支配的権力の決定を分析するだけではなく、なぜ従属的な国家が覇権国のリーダーシップに従うのかを説明しなければならない」。そして、これらの理論は「覇権的レジームの正当性や、覇権のもとでの協調的な共存を説明する必要がある」ことを強調している[(8)]。同じように、ロバート・ギルピンも以下のように論じている。国際システムの「ガバナンス」は、部分的には覇権的パワーの名声や道義的リーダーシップによって支えられている。すなわち覇権的パワーの権威とは、最終的には軍事的・経済的優位性によって確立される一方で、「大国の地位は、多数の国家群に共通するイデオロギー的・宗教的・またはその他の価値によって支えられるのである」[(9)]。以上のような議論は、覇権的秩序を形成し維持するうえで、物質的資源以外の要素の持つ重要性を示している[(10)]。

またそのほかに、政策を実行するもととなる規範や価値指向を形成することにより、パワーを行使できると述べる学者もいる。たとえば、グラムシ学派の研究者であるロバート・コックスは、次のように論じている。覇権構造とは、「国家や、国境を越えて作用する市民社会の力にとって、自らの一般行動原則を規定する普遍的規範・制度・メカニズム」によって支えられている[(11)]。このような見方によれば、覇権とは、社会経済的、政治的、イデオロギー的構造を密接に組み合わせた結果成立するものであり、それらはすべて特定の生産様式に根差している。このような複雑な構造体系においては、正統性のある政策の選択と理解されるものの領域が限定され、その結果として覇権国支配の継続が保証されるのである。

このような、きわめて異なる理論的学派のもとで研究するさまざまな学者が提起する議論こそ、覇権国の強制的な能力に還元されないようなパワーの要素があることを示している。特定の国際秩序の受容性や正統性に関する共通の信条を生みだす能力とは、言い換えれば、秩序の持つ規範面での基盤について各国エリート間で合意を形成する能力のことである。このような能力は、たとえとらえにくいものであっても、覇権的パワーの重要な側面である。

さらにこのような見方を根底に置いたのが、マックス・ヴェーバーが発展させた「正統的支配」の考えである。ヴェーバーの関心は国民国家内でのパワーの行使にあるものの、彼の分析は国民国家間のパワーの行使にも関連するものである。ヴェーバーは、支配者が政府機関や政策決定の正統性を確立・持続させる方向で権力を構築するような、「政治システム上の誘因」があると論じている。「経験の示すところによれば、いかなる支配も、その存立の基盤として、物質的・感情的・理想的動機に訴えることへと正統性自体を限定している例はない。むしろ、いかなるそのような政治システムも、その正統性に関する信条を確立し、それを啓発しようと努めている」(12)。このようにヴェーバーは、パワーを正統的支配として行使すべく振りかざす者たちにとって、普遍的に必要とみられる要素に言及しているのである。

ヴェーバーやその他の学者は、パワーの正統性は規範的秩序に共通する信条体系にこそ基礎を置いていると説いている。すなわち、支配者が信奉する価値が支配される人びとの価値と一致する場合、支配者は正統性を享受するのである。この点について、ユルゲン・ハーバーマスは次のように論じている。「拘束力を持つ決定が正統的である場合には、すなわち、具体的に行使される強制や露骨にみせつけられる制裁などとは無関係に下され、しかも当事者たちの利害に反してでも整然と貫徹されうる場合には、それらの決定はすでに是認されている規範の実現とみなされうるのでなければならない」(13)。その意味で、支配者・被支配者と正統的パワーを結び付けるのは、合意に基づく規範的秩序をともに受け入れることにほかならない。

筆者は社会化を、一般的な意味においては、ある主体からほかの主体へと規範や理想が普及してゆく学習プロセス、と概念化することとする(14)。また覇権的パワーに即した具体的な意味においては、社会化とは、国家の指導者が覇権国の支持する規範や価値指向を自らのものとし、結果として、覇権国や覇権国の指導的地位を受け入れているほかの国々などで構成されるコミュニティのなかへ社会化されてゆくプロセス、と概念化することとする(15)。覇権国が提唱する国際秩序の構想は、「当為性」を帯びてくる(16)。このように、社会化によって覇権国の地位は強固となり、そのシステムの参加国は黙って従うようになるのである(17)。

社会化はいかにして作用するか

社会化は、以下の三つのメカニズムを通じて生じる。すなわち、「規範に基づく説得」、「国外からの誘導」、そして「国内の再構築」である。

まずは、社会化が「規範に基づく説得」を通じてなされる場合、覇権国は物質的制裁や誘導に訴えることなく、従属国の服従を確保することができる。そのかわりに覇権国は、これら従属国のエリートと外交チャンネルや文化交流、外国研究などの接触を含めたあらゆるかたちで直接的接触を通じて、イデオロギーによる説得や国家の枠を越えた学習理解に依存することになる。そしてそれらエリートは、覇権国の規範を自らのものとし、覇権国の政策と両立し協調的な結果をもたらすような新たな国家の政策を進めてゆくのである。このような説明によれば、社会化とは政策の変化いかんにかかわらず、政策が変化するよりも前に生じることになる。言い換えれば、これは「行為よりも先に信条」がくる例である。また、従属国が黙って従うようになるのは、従属国のエリートが持つ価値や規範が変化した後である。以上の因果関係上の連鎖は次のとおりである。規範に基づく説得→規範の変化→政策の変化（正統的支配を通じた協調）。

一方で、社会化が「国外からの誘導」を通じて生じる場合、覇権国はよりパワーの小さな国家の政策の変化を促すために、まずは経済的・軍事的誘因を活用する。このように強制を通じてエリートの選好をコントロールし、これらの国々の従属を確保するのである。その後、従属国が覇権国の政策と合致するように政策を調整することではじめて、エリートは覇権国の政策の根底にある規範的理念を正しいものとして受け入れるようになる。すなわち、エリートが自らの政策と価値指向を一致させようと求めるにつれて、そのシステムの規範的基盤への信条が徐々に現れるようになる。これは、「信条よりも先に行為」がくる例である。以上の因果関係上の連鎖は次のとおりである。国外からの誘導→政策の変化（強制を通じた協調）→規範の変化（正統的支配を通じた協調）。

また、ここでいう政策の強制とは、以下のような三つの主な理由によって社会化をもたらすことができる。第一に、覇権国と従属関係に入ることは、権力者にとっては国内政治上の問題をもたらし、反対に権力外の者にとっては好機をもたらす場合がある。その場合、従属国の国民は自国の従属的行動を、帝国による操作と指導者の側の弱さに結び付ける可能性がある。それに対して権力の座にあるエリートは、規範的主張を基に覇権システムに参加することによってこのような問題を回避することができる。対照的に権力外のエリートは、とくに連立政権や外交政策の大転換を取り巻く政局のあいだに、既存エリートの権力に対抗し新たに連立政権を樹立すべく、新たな規範体系を支持することが可能である。このことは、権力の座にあるエリートが従来の規範を堅持し続けながらも、自らがとる新たな政策とその規範が食い違ってくる場合には、とくに説得力を持つ政治戦略となる。言い換えれば、エリートが手段上の理由により覇権国の提唱する規範を受容し支持するのは、自国の従属的行動の潜在的な国内コストを最小化するためか、あるいは新たな連立政権の樹立に向けてエリートの再編を利用するためである。

第二に、心理的なプレッシャーによって信条の変化をもたらすことができる。従属国のエリートは、自らが実行する政策が自身の信条と十分に一致しないために、ある程度の認知的不協和を抱く場合がある。(18) だがもし政策の指針となる規範が、自身の政策とより強固に一致してゆくならば、このような不協和を減らすことができる。また、ダリル・ベムの自己知覚理論が論じるように、人間は自らの行動を説明し、その行動に意味を与え、正当化を行うような信条を採用する必要を感じるものである。[19]以上のような政策と規範指向との両立の模索が、社会化のプロセスを押し進めるのだ。

第三に、覇権システムへ参加することでかたちづくられる「相互作用ネットワーク」によって、エリートはそのシステムの規範上の基盤を、学習と調整の段階的プロセスを通じて受け入れることができるようになる。[20]すなわち、覇権国が構築する制度に頻繁にかかわることを通じて、従属国のエリートはそのような制度が体現する規範と価値指向にさらされ、最終的にそれらを受け入れることができるようになるのだ。このような社会化のかたちは、アメリカの覇権の時代に、政策調整を進めるためにつくられた公的な国際機関が増えていったために、とりわけ広まっていった。

最後に、社会化は「国内の再構築」を通じても生じる場合がある。この説明によれば、覇権国は従属国に直接介入し国内の政治制度を変革する。このような広範囲にわたる介入が起こり得るのは、戦争の終結後かあるいは「公式帝国」の結果としてのみである。すなわち社会化は、戦勝覇権国が敗戦従属国を占領して再建の責任を負う場合か、または帝国が周縁にある国を植民地化する場合にのみ、起こり得るのである。いずれの場合においても覇権国は、国内的・国際的な政治秩序に関する規範的理念を導入する。そして、制度の仕組みや憲法その他文書による宣言などに、それらの理念を具体化することが多い。このように社会化のプロセスは、従属国のエリートがそのような制度に慣れてゆき、徐々に自らのものとして受け入れてゆくにつれて生じる。以上の因果関係上の連鎖は次のとおりである。国内の再構築→政策の変化（押し付けを通じて）→規範の変化（正統的支配を通じた協調）。

社会化はどのような場合に作用するか

本章における第一の仮説は、社会化とは国際的な変革が従属国国内の危機と同時に起こるような歴史的な重大時に、覇権的パワーの有効な手段として作用するというものだ。前述のとおり、社会化は戦争の終結あるいは帝国の侵略の直後に生じる可能性が最も高い。覇権国がさまざまな新たな国際的パワーを調整し自らの支配的地位を強化しようとするのは、この時期においてである。他方で、敗戦国・戦勝国のいずれにせよ従属国もまた、エリートの信頼の喪失や国内分裂、また政治的・経済的再建の課題をこの時期において処理しなければならない。言い換えるならば、社会化が生じるためには二つの必要条件がある。第一に、覇権国は自国の利益とより適合する方法で、国際秩序を再構築しようとしなければならない。覇権国は国際システムを形成する取り組みの一端として、従属国のエリートの規範指向を積極的に変えようとしなければならず、またその際に国際秩序に関する明確な規範的議論体系を提唱しなければならない。第二に、従属国のエリートが、国家行動に関する新たな考えや規範的議論の導入を積極的に受け入れるような国内情勢でなければならない。このような受容性は、国内政治が混乱して既存のエリートの正統性が危機に瀕するときに最も顕著となる。社会化と国際レベルでの正統的支配の出現とは、このように国内レベルの正統性と一体となっている。

第二の仮説は、社会化は規範の変化がエリート・コミュニティのなかで生じるときにのみ起こる、というものである。覇権国が提唱する規範的議論は、一般大衆に根付いてゆく場合もある。だが、従属国の行動に長期的かつ重要な影響をもたらすべきだとすれば、そのような規範的主張を受け入れなければならないのは支配層のエリートにほかならない。世論はエリートの再編に対して影響を与えることはできるものの、社会化が生じるのはあくまでもエリート政治や連立政権樹立といった力学を通じてなのだ。

第三の仮説は、社会化とは一方で信条レベルで作用するパワーの要素であるとしても、他方でパワーの物質的な要素とも一体的に関係している、というものだ。これは、社会化が生じるのは主として戦争の後であったり、国内レベルの物質的な誘因や機会が再編された後だからだ。言い換えれば、規範に基づく説得だけでは社会化のプロセスを押し進めるには不十分である。むしろエリートは手段上の理由から、次のように覇権国の提唱する規範を受け入れるようよりいっそう傾いてゆく。すなわち、覇権国による強制や制度の再構築ののちに、政界再編を推進して国内における正統性を回復し、また自らの信条を自らがとった政策に沿ったものにするのだ。このようにエリートは、覇権国の社会化の力に影響を受けやすくなり、それには物質的な誘因や政治的発展の機会が決定的な役割を果たすことになる。

また検証可能な命題としてではないものの、さらに三つの理論的事項にも言及すべきであろう。第一に、社会化が生じる度合いは少なくともある程度、覇権国が提唱する規範や思想に内在する性質に依存している。一例をあげるならば、イギリスの自由主義はたとえばナチズムよりも倫理的・

道義的理由からも、従属国のエリートのあいだでより容易に根付く可能性が高い。また思想体系に内在する主張だけではなく、エリート・コミュニティ内の既存の規範と新たに提唱される規範とを区別する概念的な距離や隔たりもこの点に関係する。すなわち覇権国は従属国のエリートに対して、規範を導入するためにどの程度変わることを求めているのか。新たな規範の導入によってエリートは新たな政治の再編を行うのか。あるいは政治の周縁に追いやられるのか。これらの点を考慮することによって、新たな規範体系の主張に特色を与え、結果としてそれらが従属国に根付く度合いに影響を与えるであろう。

第二に、社会化とは双方向のプロセスであることを認識することが重要である。社会化における相互作用とは、従属国のエリートの規範指向のみならず、覇権国のエリートのそれにも影響を与える。もしも覇権国のエリートが、社会化における自らの当初の取り組みが拒絶されるものとわかれば、彼らは新たな国際秩序の基盤とすべき規範体系を作り直してゆくであろう。あるいは、覇権国と従属国の双方のエリートは妥協のプロセスに加わり、望ましい規範的秩序の概念をともに作り直してゆくであろう。以下で論じるケース・スタディでは、覇権国の当初の秩序形成が従属国のエリートとの相互作用を通じて修正された数々の事例を提示している。

第三に、社会化とは通例、協調を促すことが多い反面で、覇権国と社会化される従属国とのあいだに対立をもたらすこともある。思想とは本来決して静的なものではない。ひとたび従属国のエリートに吹き込まれると、その思想自体が持つ方向性に従って覇権国の希望と相違するような姿勢や政策をもたらすような、既存の規範と結びつく場合もある。たとえば反帝国主義の勃興は、最終的にはイギリス帝国の終焉をもたらすことになったが、それは自由主義者が考える正義や代議政治といった理念に根差したものであり、それらは当初イギリス統治を推進する役割を果たしていた。また覇権国が、当初自らが提唱していた規範と相違するような政策を追求する必要があると認識した場合も、社会化は対立をもたらすことがある。そのような状況下では、従属国のエリートは覇権国の規範的な構想に対する誠意と信頼性に疑問が生じるであろう。アメリカは一九六〇年代から一九七〇年代にかけて、このような窮地に直面した。何十年にもわたってヨーロッパに対して、帝国を放棄しすべての国々の自決権を支持するよう説得したのちに、アメリカは第三世界に対してより介入主義的な政策を追求し始めたためである。

以上に述べたような仮説を、歴史的事例を通じて検証し、覇権的パワーの行使において社会化がどのような役割を果たすのかを評価してゆく。だがそれは同時に、困難な方法論的問題をともなうであろう。たとえば、覇権国のエリートが自らの地位の正統化に関心を持っていることを例証するのは、さほど困難ではない。一九世紀のイギリスや二〇世紀のアメリカの政策担当者らの文書や回顧録、政策メモを見れば、そこで自らの国際秩序構想を正統化する規範体系を提唱する必要性や、共通の規範や価値で結ばれたコミュニティのなかで他国を社会化する必要性がしばしば言及されていることがわかる。だが、従属国国内の社会化のプロセスを特定することは、はるかに困難である。本質的な信条の変化を識別し評価することは、個別の人間を対象とする場合でも困難なものだ。ましてや拡散したエリート・コミュニティを対象とする場合はなおさら問題である。支配層のエリートの規範指向がはっきり述べられていることは、希《まれ》である。たとえ規範が時とともに変化することを示すことができても、どのようなメカニズムが作用するかを断定することは困難である。その場合には、歴史の微妙な解釈や、声明や行動から信条を推測する努力が求められる。歴史上の文献を検証する際には、これらの困難に留意するべきであろう。

歴史的なケース・スタディ

それでは、いくつかの具体的事例による検証へと、話を進めてゆこう。ここでは社会化についての考え方をより深く考察し、社会化が国際関係のパワーの源泉として有効に機能するメカニズムや条件について、当初提示した命題を検証する。(21)

アメリカ外交と第一次世界大戦の終結――ウッドロー・ウィルソンと集団安全保障

第一次世界大戦の終結とヴェルサイユ条約の起草に至る交渉は、国際レベルにおける社会化の問題を検討するうえで有用な事例となっている。なぜなら、一九一七年から一九一九年にかけてのウィルソン大統領の講和への取り組みのように、理想や規範的な世界秩序をめぐる国際交渉に関しての事例は少ないからだ。ウィルソンは旧外交こそが戦争勃発をもたらしたと信じており、旧外交を信頼せず放棄すべきだという希望に基づいて講和構想を進めていった。彼は、旧来の秘密外交や勢力均衡、貿易障壁のかわりに、大衆による対外政策のコントロール、軍縮や自由貿易、さらには民主主義という進歩的な道義的・イデオロギー的原則による「国際コミュニティ」としての集団安全保障システムを提唱した。だがこのときには、ウィルソン主義的な規範が浸透するまえに、アメリカの軍事的・経済的パワーがヨーロッパ内に拡張していくことはなかった。そのためここでは、経済的、軍事的、そしてイデオロギー的に覇権国のない国際コミュニティにおける規範の普及を検証する。

ヴェルサイユ条約の諸条項や国際連盟の創設は、ウィルソン主義的な規範が少なくともある程度は、戦後秩序に関する連合国の構想をかたちづくっていることを示している。ウィルソンは、戦争の賠償は最小限にとどめ、ドイツは占領せず、軍縮全般を押し進め、少数民族の自決を認めるべきだと主張していた。それにもかかわらず、イギリス政府やフランス政府はそのようなウィルソンのいくつかの要求に熱心に従っていなかった。このことは、リベラルな平和や集団安全保障というウィルソンの構想の中核となる理念に対して、ヨーロッパ側が抵抗していたことを示すものである。このときの事例で社会化がより十分な基礎の上に生じなかったのは、主に二つの理由によると論じることができる。第一に、とりわけイギリスでは大衆がウィルソン構想にかなりの熱意を示していたのに対し、エリートはそれをほとんど受け入れようとしなかった。その大きな理由として、一九一八年の第一次大戦勝利という軍事的な成功によって、イギリスとフランスの両国では保守連立政権が続くことが確実視され、その結果として連立政権の分裂と再編をもたらすような国内政治的な危機が起こらなかったためである。第二に、アメリカが孤立主義を維持することで、ウィルソンの構想が経済的・軍事的支援の提供という後押しを受けなかったためであった。そのため、いかにその構想が規範的な意味において魅力的であっても、政治的・物質的誘因の欠如のためにエリートに対する魅力が弱まったのである。

ウィルソンの講和構想のコンテクストや論調をざっと見るだけでも、いかに大統領が戦争終結にとどまらず、国際関係の新たな構想に基づく戦後秩序をつくることに傾倒していたか、その度合いがわかる。一九一七年一月、ウィルソンはアメリカ連邦議会上院に対して次のように述べた。「勢力均衡ではなく、国際コミュニティがなくてはならない。すなわち、組織的な対立関係ではなく、組織化された共通平和がなければならないのである(22)」。このように、休戦だけではウィルソンにとって十分ではなかった。「正義に関する最も高潔な理念に」平和が基づいていなければ、「それは一世代も経たずに、世界の人びとによって踏みにじられてしまうであろう(23)」。正義に関するこのような理念のなかには、民主主義や民族自決の考え方も含まれている。さらには、戦勝国陣営か敗戦国陣営であるかを問わず、人びとの権利や福祉を踏みにじるような領土的解決や勢力均衡は、許されるべきではないとする信念もそこには含まれていた(24)。

これらの理念は、ウィルソンの講和条項案に次のように具体化されていた。すなわち公開外交や、すべての諸国による軍縮、航行の自由、貿易障壁の撤廃、少数民族の自決、ドイツの賠償金の抑制、平和を履行するための国際機構の創設である。ウィルソン大統領は、外交戦略を通じてよりもむしろイデオロギーによる大衆への説得を通じて、ヨーロッパがこれらの条項を受け入れることを勝ち取ろうとしていた。彼は、「イデオロギー的な聖戦」を起こすために、ヨーロッパへの私的な外遊のみならず、メディアをも活用した。それによってヨーロッパの大衆の道義的な資質に訴え、旧外交の不正を拒絶するよう促したのである[25]。ウィルソンはヨーロッパの良心に向かって直接語りかけ、道義的説得を通じて世界秩序についての新たな構想を吹き込もうとした。ある歴史家が述べるように、「ウィルソン大統領は、国家のエゴイズムを抑制するために集団安全保障を押し進め、アメリカの外交関係を国際社会が統制するという考えを適用したのである[26]」。

ヴェルサイユ条約の条項は、ウィルソン構想の重要項目を具体化し反映したものである。イギリスとフランスは、公開外交や、通商障壁や軍備の縮小、国際連盟の創設を確約する条項には賛成した。そのかわりウィルソンは、ラインラント占領や比較的厳しい賠償条項を押し付けるフランス側の要求を黙認し、「十四カ条の宣言」の中心的な項目に対してヨーロッパ側が拒否したことを示す譲歩を余儀なくされた。

ウィルソンの構想のこれらの重要項目が条約へと具体化されたのは、単にヴェルサイユにおけるウィルソンの取引の影響による結果ではない。リベラルな理念は一九一七年から一九一八年にわたってヨーロッパで支持を獲得していたが、それは部分的にはロシアでの出来事の帰結でもあった。ロシア革命はヨーロッパの左派政党に勢いを与え、また政治的な勢力分布を越えて知的興奮をもたらしていた。ペテルブルクで臨時政府が発足した直後に発表されたボルシェヴィキの講和構想は、大胆なほど革新的であり、連合国に対してそれへの実質的な回答を行う圧力を加えたのである。(27)イギリスの革新勢力は、戦争目的の穏健化とよりリベラルな国際秩序を声高に求めていた。(28)

ウィルソンは自らを、リベラルな平和と民主主義の闘士として、フランスとイギリスの大衆のあいだに名声を確立していた。その名声の高さは、一九一八年一二月の大統領のヨーロッパ外遊のころには明確なものとなっていた。フランスでは、ウィルソンは大勢の支持者に迎えられ、労働組合や左派政党によって英雄的歓迎を受けた。イギリスでの歓迎ぶりも同様であった。保守的なロンドン『タイムズ』紙でさえ、「われわれは皆、国際問題ではいまや理想主義者であり、われわれにこれらの理想を実現するよう促し、混乱のなかからより良い公正な世界を再建するためにも、ウィルソン氏に期待している」と論評した。(29)

歴史的研究においても、フランスとイギリスの大衆がウィルソン主義的な自由主義を受け入れたのはあくまでイデオロギー的および規範的理由のためであり、ただ単にアメリカが参戦してドイツ打倒に向けた物質的資源を積極的に供与してもらいたいためではないことがうかがえる。戦争の遂行は、イギリスとフランスの政治的および知的環境に対して明瞭に深い衝撃を与えていた。一九一八年前半に左派が再浮上し、ウィルソンの戦争目的の人気が上昇したことは、それまでの戦争努力に対する不満の拡大だけでなく、ブレスト＝リトフスク条約に続く東部戦線の解体が、西部戦線でドイツに圧倒的な数の優位性を与えかねないとする恐れにも結び付いていた。(30)アメリカの支援がますます重要になっていたのである。

だが、単にアメリカの戦争努力の関与を確保するためにヨーロッパ人はウィルソン主義的なお決まりの主張を口にしていただけだとする主張では、精緻な分析にはまだ不十分であろう。たとえばローレンス・マーティンが指摘するように、ウィルソンは講和構想に対する支持を獲得していたものの、それは「イギリス自由党が長いあいだ標榜してきたものと著しく類似した理念」でもあったのだ。[31] またウィルソンへの大衆の支持の波が現れたのは一九一八年であり、それはアメリカが参戦してだいぶあとのことであった。さらにイギリスとフランスの両政府ともに、不誠実な姿勢を思わせる方法で行動することはなかったが、後に論じるようにロイド＝ジョージはウィルソン外交をしぶしぶ支持していただけであり、クレマンソーにいたっては一九一八年から一九一九年にかけてウィルソンの最も手強い敵のひとりであり続けた。ウィルソンは、物質的根拠よりもむしろ道義的・イデオロギー的な根拠に基づいてヨーロッパの人びとに訴えることに成功していた。したがってウィルソンの理念が根付く限りにおいて、それは世界秩序に関する規範的主張が普及していったことを表すものであり、アメリカの軍事的・経済的パワーに対して便宜上従っていたわけではなかった。

だが、ウィルソン主義的な自由主義は、イギリスとフランスの大衆に訴えてはいたものの、ヨーロッパのエリートからはわずかな支持しか得られなかった。社会化が大衆のあいだでは生じたものの、政策決定者のあいだで生じなかったのは、ひとえに連立政権の力学に帰するところが大きかった。戦争勃発により強力となった保守勢力は、一九一七年末においても依然としてイギリスとフランスの戦時内閣をしっかりと支配し続けていた。アーノ・メイアによると、実際に一九一四年から一九一七年のあいだ、「国内で体制維持派は、戦争前には高望みの夢でしかなかった強さで権力の座を確保した」[32]。彼らの戦時政策は旧外交の慣習や前提に染まっており、それらは秘密交渉や領土併合構想、そしてドイツ完敗の希望で特徴づけられていた。

だが一九一八年に、とりわけイギリスでは、戦時内閣で見られたような保守勢力による支配は大幅に衰えた。一九一七年から一八年のロシア革命とそれに続く政治的危機は、英仏両国で強力な中道左派連立政権の成立をもたらした。イギリスでは国民のあいだで革新的理念への支持が拡大したことにより、労働党は左派寄りにならざるを得なくなった。政権を維持するために、ロイド＝ジョージはリベラルな戦争目的を公式の政策に具体化することを余儀なくされた[33]。言い換えれば、イギリス国民のあいだでウィルソン外交が正統化され、それが保守政権の非正統化をもたらし、今度は保守政権が戦争目的を穏健なものへと見直したのである。フランスで同様の政策転換が起こらなかったのは、中道左派連立政権がクレマンソーの地位を弱体化するのに十分なほど強力ではなかったからであった。

ドイツの敗北のあと、イギリスでは戦勝によって高まったナショナリズムや愛国主義的な感情の強力な後押しを受け、政治的な振り子は再び右へと揺れ動いた。リベラルな講和構想への支持の凋落は、軍事的勝利の影響を受けた右派の再正統化と足並みをそろえていたのである。ロイド＝ジョージはこれを受けて、保守党や彼らの交渉による平和のあり方に対してさらなる注意を払っていった。(34) 対照的に中道左派連立政権は勢力を失い、左派は分裂を深めてゆき、ウィルソンが十四カ条への支持を勝ち取るために展開してきた政治的な積極的行動や理想主義の舞台が解体してしまった。ウィルソン主義的な理念は決して拒絶されてはいなかったものの、彼の講和構想に依然としてかかわっていた人びとは、政治的パワーを有効に行使することができなくなった。以上のように、国内政治のコンテクストから連立政権が再編されたり、ひいてはエリートが新たな国際的規範体系を自らのものにしなかったために、エリートの社会化は生じなかった。右派の再正統化は、イギリスとフランスで国内の政治的危機、すなわち大きく異なる戦後秩序を生み出したはずの危機の発生を妨げたのであった。

右派の再興は政治的発展の機会を閉ざしてしまい、その結果、ウィルソンの講和構想がヨーロッパの政策決定者たちにもたらしたものはわずかとなってしまった。物質的な誘因は本質的に存在していなかった。またウィルソンが支持する規範は、「源泉としてのパワー」という従来の考え方に挑戦し、そのような伝統的な意味で規定されていたイギリスとフランスの利益に対抗する役割を果たした。ウィルソンは戦時賠償の減額や、敗戦国だけでなく戦勝国も含めた軍備縮小、またイギリスやフランスの現行の慣行と相反するようなリベラルな通商構想の導入を訴えていた。だが政治的、経済的、そして軍事的誘因がなかったため、国際秩序構想の革命的変化をもたらすはずの政策をエリートが実行する動機はわずかしかなかった。それでも、ウィルソンは規範に基づく説得を通じて、ヨーロッパの左派に色あせることのない功績を残した。とくに一九三〇年代のイギリスでは、集団安全保障と軍備縮小の構想が、再軍備のペースに深い影響をもたらした。[35] しかしながら、連立政権の再編や物質的な誘因が欠如していたために、左派のあいだでの知的興奮は支配層エリートの規範指向を変えるほどのものではなかったのである。

アメリカ外交と第二次世界大戦の終結――ヨーロッパと日本におけるリベラルな多国間主義

第二次世界大戦中および戦後直後の時期に、アメリカは戦後国際秩序を構築するためのきわめて精緻な規範や理念体系を提唱した。当初の考えでは、ローズヴェルト政権が提唱したように、これらの規範はリベラルな多国間主義の考えを中心に体系化された政治経済秩序構想を表すものであった。それはすなわち、政治的領域では、勢力均衡政治にかわって国連憲章において具体化されている大国間協調であった。そして経済的領域では、ブレトンウッズ協定や国際貿易機関構想において具体化される、リベラルで非差別的な通商・金融システムの構築であった。[36]

のちに詳述するように、戦後の時期におけるアメリカの覇権的パワーの行使とは、規範体系を導入し、他国のエリートがそれらを受容する結果をともなうものであった。したがって社会化が生じたのは、アメリカの指導者がこのような規範的秩序を他国も受け入れるよう促すことに大いに成功したためであった。だが社会化が生じたプロセスは各国によって異なっていた。イギリスやフランスでは、規範の転換は主として「国外からの誘導」によって成し遂げられた。他方でドイツや日本では、直接的介入や「国内の再構築」の結果から生じたものであった。だがいずれの場合も、そのようなリベラルな多国間主義という規範の普及は、アメリカの軍事的および経済的な優越性と強く結び付いていた。そして同様に重要なことは、社会化が双方向のプロセスであるという事実であった。すなわちヨーロッパ人自身が、新たに出現しつつあった大西洋秩序の実質的な中身を形成する機会を見いだしていたのである。

戦時中にアメリカが提唱し始めた規範的秩序とは、リベラルな多国間主義の理想をもとにして描かれたものであった。これらの理想は、ジョン・ヘイの「門戸開放」や、「できる限りすべての経済障壁の撤廃」というウッドロー・ウィルソンの「十四カ条」第三条までさかのぼることができるもので、長い歴史的なルーツを持っていた。そして戦時中にローズヴェルトとチャーチルが署名した大西洋憲章もまた、戦後秩序構築の中心となる理念体系を熟慮のすえにつくりあげたアメリカの取り組みを表すものであった。(37)

イギリスとフランス　民主主義諸国間で規範や理念に基づく合意を追求することは、西洋が経済的・社会的価値を共有することによって容易となった。だが一九四五年の時点では、デイヴィッド・ワットが次のように指摘したように、リベラルな多国間主義的秩序というアメリカの理念はいくつかの障害に直面しており、ヨーロッパにおける熱烈な支持者は少なかったのである。

根底にいかなるパワーの現実があろうとも、イギリスとフランスは、自らの戦前の勢力圏が維持または回復されるであろうとする前提から出発していた。イギリスは依然として、イギリス帝国や中東、東地中海、さらに当初はドイツにおいても自らの宿命を信じていた。他方でフランスは、ド・ゴール個人が示したように、戦時中のほとんどの期間を完全なる自立性を誇示せんがために費やしていた。またあらゆる意志をもって、アフリカ、インドシナ、そして中東における伝統的支配を回復するだけでなく、ドイツに対して抑圧的な戦後処理を押し付けるうえでも、対等の権利を主張していた。このような野心は、アメリカの保護や支配の枠組みに容易に適合するようなものではなかった。[38]

このような障害を乗り越え、ヨーロッパにおいて、よりリベラルな秩序を受け入れるよう促すアメリカの取り組みは、まず強制的なパワーの行使から始まった。それは一九四五年から四六年にかけて、最も顕著に反映されていた。当時アメリカの政策立案者は、イギリスが差別的支配を撤廃し帝国特恵体制を解体するよう約束させる手段として、イギリスへの財政支援を利用しようとしていた。当時のアメリカ連邦議会の姿勢を反映するかたちで、議会報告書では次のように述べられている。「アメリカの借款およびその他の決済面における有利な立場は、安定した世界を築き上げるため、そして他国の政治的、経済的譲歩を勝ち取るための切り札である」[39]。イギリスはアメリカからの財政支援を必要とし、借款の不利な条件を受け入れざるを得なかった。そのことでイギリスは、ほんの数週間のうちに多額の準備金が流出し、交換性停止に追い込まれたのである。[40]

だがイギリスや大陸ヨーロッパの徹底的な荒廃をアメリカの政策立案者は当時過小評価しており、そのため迅速な政策変更をねらった経済的強制力の効果は制限されてしまった。イギリスの改革促進のための借款の失敗を受けて、トルーマン政権の政策は制裁と誘導の規模を緩和する方向へと転換した。その結果、一九四七年に始まったマーシャル・プランは、ヨーロッパの経済復興のみならずアメリカの規範的構想の線に沿った政治的再建の中心的な手段となった。アラン・ミルウォードが論じるように、「マーシャルが発表したときのその構想がいかに漠然としたものであっても、支援提供を発表した決定の背後にあるその政治的・経済的意図は、並々ならぬほど広範囲にわたっており野心的なものであった。アメリカは西ヨーロッパを、経済的のみならず政治的にも再建しようとしていたのである」(41)。財政支援に着手したアメリカの政策担当者らは、経済的ナショナリズムや帝国に代わるべきものを押し進めていった。彼らの目下の政治的目標は、マーシャル・プランによる支援をヨーロッパ統合を推進をする方法として活用することであった。なぜなら、ヨーロッパが共通の社会的・経済的基盤の上でさらに統合すれば、ヴェルサイユ体制を崩壊させた政治的対立や経済的失敗の再現を防ぐことに役立つと考えられたためであった。だがそれだけにとどまらず、アメリカの政策担当者らは、ヨーロッパの統一がより大きなリベラルな多国間主義的秩序システムの構築を促すことも確信していた(42)。マーシャル・プランを通じて、アメリカはヨーロッパの政治的再建に直接関与するようになっていたのである。

以上のようにヨーロッパのエリートは、リベラルな多国間主義的規範を受容し、また国家的・帝国的な選択肢からも脱却するようになっていった。そのプロセスは段階的ではあったが、ヨーロッパへの金や資源の大量の流入によって支えられていた。ヨーロッパ経済はマーシャル・プランが実施されているあいだに急速に成長したために、マーシャル・プランの根底にある規範は経済的成功と結び付けられるようになり、そのためエリートにとってより魅力的なものとなったのである。[43] さらに経済的誘導以外の取り組みも立案されていった。それは、それ以前のローズヴェルトの大西洋憲章に向けた働きかけと同様に、リベラルな多国間主義の規範的理念をチャーチルやその他のヨーロッパの指導者たちに理解させるためであった。[44] だが彼ら指導者たちが納得するまでには、さまざまな妥協がなされねばならなかった。

そのため、リベラルな多国間主義に関しては緩やかなシステムこそが望ましいという合意が形成されていった。とくに以下の二つのプロセスは、新たな規範的秩序の出現を促すものであった。ひとつは、規範的構想自体の修正をともなうもので、それに対しては双方向プロセスが明確に作用した。たとえば、リベラルな構想を修正すること自体が国際経済上の目標の明確な転換だとはとらえていなかったけれど、アメリカは通商や金融協定における免除や限定をしだいに受け入れるようになっていった。それは同時に、国家の経済的自立性の手段や、国家が完全雇用や社会福祉を追求するうえでの役割を拡大することを容認するものであった。このように、一方では国際経済上の関係における多国間主義と、他方で国内経済や社会に対する国家介入とのあいだの妥協こそ、ジョン・ラギーの言う「埋め込まれた自由主義」[45]を形成するものであった。このようなプロセスを通じて、国際経済秩序の規範に関する緩やかな合意がつくられていった。イギリスとフランスはしだいに多国間主義へと移行し、他方でアメリカは国際的な政治機構や経済機構において福祉国家の優先性を受け入れるようになったのだ。

リベラルな多国間主義の修正に関する合意形成をもたらしたもうひとつのプロセスとは、イタリアやイギリス、フランスの国内政治に、より直接的に関係するものである。西ヨーロッパにおいては、第二次世界大戦後のアメリカの構想に対して右派と左派の双方から抵抗が起こっていた。まず右派政党は、帝国の分断を防ぎ、大国としての地位を維持しようとし、それは必然的にリベラルな多国間主義を弱める結果となった。他方で左派政党は、国家の自立性の侵害や、独自の経済計画に対する多国間主義の影響を恐れていた。また左右双方とも、完全雇用や社会福祉計画の保護・拡大を唱えていた(46)。だが、リベラルな多国間主義の緩やかなシステムに向かうヨーロッパの動きは、これらの立場をしだいに衰退させていった。まず右派について言えば、戦争による荒廃によってイギリスやフランスが植民地帝国を維持し続ける能力は完全に弱まっていた。実際にこの弱体化こそが、西ヨーロッパの安全保障関係にアメリカを招き入れる彼らの意欲の原因の一端となった。同様に、リベラルな多国間主義をめぐる合意が弱まっていったことが、福祉国家の責務を守ることへの修正をもたらし、左派の影響力を低下させる役割を果たしたのである。

総括すれば、リベラルな多国間主義という規範は、マーシャル・プランによる支援の大量流入に後押しされ、戦後のイギリス、フランス、イタリアにおける中道連合の形成基盤を提供した。またヨーロッパがしだいに経済復興したことは、リベラルな多国間主義の政策にかわって、国家社会主義的政策や帝国主義的政策を論じる左右双方のエリートの立場を弱めることにもつながった。さらには、アメリカとヨーロッパの政策担当者のあいだで、「埋め込まれた自由主義」のシステムの中身をめぐる妥協に至った。このことは、米欧双方のエリートが戦後秩序の内容に関する規範的合意の発展を重要視していたことを示すものであった。

ドイツと日本　戦後秩序は規範的理念に基づかねばならないとするアメリカの指導者の信念は、戦後のドイツや日本の命運をめぐる政府の協議にも表れている。一九四五年はじめにローズヴェルト大統領は、「改革され、平和的で、経済的にも侵略ができなくなるようなドイツを、平等の基礎に基づきリベラルな世界貿易体制のなかに同化(47)」するべきだという国務省の勧告を承認した。ここで強調されているのは、「規範的」な再建であり、懲罰ではなかった。数年後、冷戦対立の激化にともない再建され「同化され」たドイツという構想は、地政学的にも意味を持つものとなった。しかし米ソ対立が出現するずっと以前から、アメリカの政策担当者らは、ドイツでリベラルな政治・経済制度を推進するための計画を立てていた。この事実は、彼らがリベラルな規範の普及を重要視していたことを示している。

アメリカのドイツ占領は、ドイツの国内外での行動指針となる戦後制度の特質や政治的価値に対して、深い影響を与えた。ジョン・モントゴメリーが指摘するように、（ドイツと日本双方における）占領政策は、「第一に専制的エリートの排除を通じて、第二に新たなリーダーシップの強化と支援を通じて、最後に新たな秩序の憲法上、法律上、そして制度上の保証を通じて、民主主義を計画的に導入することをめざすものであった(48)」。このように旧来のエリートを追放し、新たな民主主義制度を構築する取り組みは、程度の差はあるものの成功を収めた。占領当局者らは、ドイツ経済の再建やカルテル解体を促進するよりも、非軍事化や民主化を促進するほうが容易であることを理解した。また、たとえ連合国による占領がなかったとしても、戦後のドイツが政治改革や経済自由化の方向へと進む可能性はきわめて高かったであろう。それでも、占領期における「国内の再構築」のプロセスは、戦後のドイツ政治を規定する制度や価値に持続的な影響を残したのである。

連合国による占領の中核的な遺産は、ドイツの政治システムの分権化であった。ピーター・カッツェンスタインが論じるように、「米・英・仏占領当局は、望ましい政治的な分権化の度合いや形態については一致していなかった。だが、ドイツ連邦共和国（西ドイツ）の地方分権こそが、中央集権的および全体主義的な政治運動の再発の可能性から民主主義制度を守るという点で強く一致していた」[49]。この連邦制度は、（教育・警察・行政のような）主要な責務を州に委任することにより、中央政府の権限を制限した。結果として、連邦政府当局が地方エリートと交渉し権限を共有するという、分権的な政治権力体制が形成されたのである。

連合国による占領期に行われた最も持続的な経済改革は、通貨改革と貿易自由化であった。改革の推進自体は連合国の占領命令によるものであったが、それは一定程度のドイツの指導者からの支持も受けていた。ドイツの経済復興の中核的要因である通貨改革は、ルードヴィヒ・エアハルト経済相の手によって始められた。彼は占領期を利用して、ドイツ独自の市場経済構想の具体化に努めた[50]。また貿易自由化などその他の改革は、連合国占領当局者らの強い勧告を受けて実施された。へンリー・ウォーリックが論じるように、「ワシントンやパリのアメリカ政府高官は、ドイツを自由化の実験台または見本となるようにすると決めたのである」[51]。アメリカはこのような取り組みを通じて（また政治的な再教育や文化交流に関する、より間接的な計画を通じて）、ドイツ人エリートらにすぐに幅広く受け入れられるような政治的・経済的な規範体系の発展を促したのである。

他方で、アメリカの政策担当者らがドイツの政治・経済制度を構築する能力にも、限界があった。この点についてモントゴメリーは次のように論じている。「新たな構想や新たな指導者がどれだけ価値あるものであったとしても、それのみでそれらが存続することができたか疑わしい。そのどちらも、保証やプロパガンダといった国外からの圧力だけではなく、ある程度の国内的支持が求められるのだ[52]」。だが連合国当局者らは、アメリカの多国間主義政策に沿った政治的価値を強化する制度を構築したのである。

同様の戦後政策は、日本に関しても見られた[53]。アメリカは占領国としての役割を通じて、日本の国内外の場での行動指針となる規範を、戦後初期に再構築したのである。アメリカは日本の国内政治制度の再建に直接関与することを決定したが、これは「国内の再構築」を通じた社会化の顕著な事例をつくる基盤となった。占領改革は民主化や自由化の規範に基づいており、それらはエリートにも大衆にも同様に受け入れられる規範となった。アメリカの占領がなかったとしても日本が同じような民主化や政治改革の道を選んだかどうかについては、歴史家は論争を続けている[54]。だが、日本の戦後秩序への再統合を促した規範や政治制度の普及に、アメリカが中心的役割を果たしたことについては広く認められている。

対日理事会が存在していたにもかかわらず、日本の戦後再建の責務は連合国最高司令官（SCAP）の指導の下ほぼ独占的にアメリカの手中にあった。短期的には、SCAPは日本社会の秩序を回復し、また国の軍事的能力を失わせようとしていた。だが長期的には、アメリカの政策担当者らは、日本社会から軍国主義的傾向を一掃するのをより確実にするためには民主化と政治改革こそが必要であると信じていた。[55] 占領改革の目標は、日本の政治体制に民主制度を植え付けることだけでなく、政治改革を深く根付かせるような価値を日本国民に吹き込むことにもあった。エドウィン・ライシャワーが述べるように、「占領は単に政治的な改革に止まらなかった。さらに一歩を進め、日本社会や日本経済を改革することで、従来の社会、経済秩序よりも、民主的な諸制度がうまく機能することに資するような、新しい状況を創出していく方向へと向かっていった。これは放胆な企てであった」。[56]

SCAPが提案し、日本政府が受け入れた諸改革は、政治・経済・社会の諸分野に浸透していった。まず政治の分野においては、SCAPが起草し、一九四七年五月三日に施行された新憲法が、日本の戦後政治構造の基盤としての役割を果たした。新憲法にはいくつかの重要な特色が盛り込まれていた。第一に、イギリス・モデルを基にした議会制度の確立であった。[57] 戦間期の国会は政府に対して従属的であったために、国会が二度とそのような立場に置かれないことを保証する条項が盛り込まれた。さらに議会制度を守るために、天皇には主に象徴的な地位が付与され、また政府の干渉を最小化するための司法改革が盛り込まれた[58]。第二に、新憲法は国家が市民に特定の権利を認め保護することを定めた。それは、労働者の団体交渉権や女性参政権、全国民が等しく教育を受ける権利などを含むものであった。さらに地方自治体にはより大きな自治権を認めた。第三に、新憲法は戦力の保持を禁じ、また戦争を永久に放棄するとの日本国民の意志を明確に表明した。このうちの戦力の不保持については一九五〇年代に方向転換したが、これら新憲法の条項のほとんどは遅滞なく実行された。

経済の分野においては、SCAPは二つの大きな改革を進めていった。戦前は、農地の五〇パーセント近くが旧来からのエリート層によって所有され、それを小作人が耕していた。だが抜本的な農地改革により、この数字は一〇パーセントにまで下がった[59]。SCAPはまた、日本の産業界を支配していた強力な企業複合体である財閥を解体した。だがその試みは、国の経済復興を推進するために一部断念した。その結果、財閥は戦前設立した巨大な持株会社を事実上剝奪されたものの、産業を支配し続けることができたのである[60]。

社会の分野においては、SCAPは平等に関する共同体的な規範の形成と教育改革に焦点を当てた。それらの改革は、女性参政権の付与には成功したものの、分家に対する本家の伝統的権威の解体には部分的にしか成功しなかった。他方で教育改革は広く行きわたるものとなった。アメリカは初等・中等教育制度を完全に見直した。カリキュラムはアメリカ・モデルに基づくものとなり、高等学校レベルの教育は実態的には義務教育に近いものとなった。また、新たな教育哲学が芽生え、暗記よりもむしろ分析能力を伸ばすことに焦点が置かれていった。これらの改革は伝統様式に挑戦するものであったため、それらは段階的に実施されるにとどまり、成功の度合いもさまざまであった。(61)

このような広範囲にわたる一連の改革を通じて、アメリカは日本のエリートや大衆に、戦後日本の国内・対外政策の指針となる議会政治や反軍国主義の規範を浸透させていった。明らかに、戦前のシステムは日本の膨張と侵略の悲惨な結果によって信頼を失っており、日本国民は戦前の政府と軍事エリートにだまされていたと感じていた。いわば戦争によって改革の機運に満ちた政治体制がつくりあげられたのである。その意味でアメリカによる占領がなかったとしても、新たな政治的価値や規範が出現していたかもしれない。それでもなお、アメリカによる占領は日本の変革の方向性と内容に深く影響を与えており、それがアメリカの戦後秩序構想と両立する程度にまで至ったのは決して偶然ではなかったのである。

くわえて、社会化のプロセスがこの時代に作用していたことは、たとえ占領によってもエリートの人材やエリート構造が変化のないままであったことからも確認できる。先に述べたとおり、財閥は産業界を支配し続けていた。さらに、戦前からの多くの行政・官僚機構も、占領期やその後も機能し続けていた。このような制度上の継続性は、一部の改革の実施を妨げ、旧来のエリートの特権や権力様式を持続させた。だがそのような継続性がともなっていたとしても、本質的な信条や規範指向のレベルで起こった変化により、新憲法のなかで具体化したリベラルな平等や民主主義の理念を日本人が受け入れることが妨げられることはなかった。ある日本の学者は、「年月が経つにつれて、占領改革の影響は日本社会のまさに中核にまで浸透していった」と述べている。[62]また別の日本人の識者も認めるように、「それは日本の政治の体質と戦後の日本の歴史に大きな影響をあたえることになった」[63]。

総括すれば、社会化は戦後秩序の構築に重要な役割を果たした。リベラルな多国間主義的な規範が、国外からの誘導と国内の再構築の双方を通じて普及していった。国内システムは、最終的にアメリカの利益と両立するようなかたちで円滑に機能できるような価値体系で満たされていったのである。[64]一九五〇年代半ばから後半まで、アメリカの国際的な社会化に対する取り組みは、成功を物語っていた。リベラルな多国間主義の規範体系が、程度の差こそあれ、西ヨーロッパと日本に根付いたのである。

イギリスのインドとエジプトにおける経験――植民地化を通じた社会化

非公式帝国と公式帝国のいずれも、その出現の必要条件とは、植民地における宗主国の当局者らが、周縁社会のなかに明示的かつ物理的に浸透していることである。官僚、軍人、商人、資本家、あるいは宣教師であれ、このような人びとは、社会化が生じる媒介としての役割を果たしてきた。[65]一九世紀半ば、イギリスはインド人エリートの規範指向を変えてゆき、結果として政治的な営みがさらに世俗化・自由化してゆくことに比較的成功を収めていた。その意味で社会化は、イギリスの長期のインド統治や、南アジアにおける帝国の相対的低コストでの維持、またインドの政治文化へのイギリスのプレゼンスの持続的影響力などに大きく貢献した。他方で、エジプトの状況は全く異なっていた。イギリスは、インドで行ったようには、エジプト社会に浸透したり、エジプト人エリートを社会化することはできなかった。このように植民地への浸透が浅薄なかたちでとどまったために、イギリスは力の行使によりいっそう依存し、植民地の統治期間は相対的に短いものとなり、エジプト社会に対するイギリスのプレゼンスの長期的な影響力は制約された。このようなインドとエジプトにおけるイギリスの経験の違いを説明すべく、本章では宗主国と周縁とのあいだの相互作用に関して、イギリス側の政策と現地側の社会・政治構造の影響の双方を検証する。

インド　一七世紀に創設された東インド会社は、インド大陸の重要地域に対する支配を徐々に確立していった。だがイギリス王室がこれらの地域に公式に主権を拡張したのは、一八一三年になってからのことであった。イギリスの第一の目標は、インドを円滑に統治し、宗主国との莫大な貿易を当てにすることであったものの、イギリスの意図がそのような円滑な統治をはるかに越えるものであったことは明白であった。

当時のある識者が語るように、イギリス帝国は「自らの目的のために、より大きな自由とより崇高な正義を保持し、その根本は支配者ではなく民族の精神のなかに根差している」ものであった(66)。このようにインド社会に重要な変化をもたらすコミットメントは、イギリスのパワーをより強固にしたいという願望のみならず、イギリス国内での功利主義と福音主義の勢力の増大によるものでもあった。前者がインドの生活水準と教育を向上する推進力となったのに対し、後者はインドにキリスト教的倫理を広めようとする宣教師らを送り込むものであった。インドに関する一八三三年の議会報告書のなかの一節でチャールズ・グラントが述べているように、イギリスの統治は「インド臣民の安全と国の繁栄を高めるのみならず、社会的幸福を増進し、人びとの精神状態を改善し、より輝きを広げる」問題であった(67)。

では具体的にどんなメカニズムを通じて社会化が生じたのであろうか。インドの政治文化の変化に影響を及ぼしたイギリスの取り組みは、さまざまな政治的手段で具体化され明らかとなった。第一に、一八一三年の特許状法は、英語を学校教育制度や政府業務の主要言語として確立させる諸法令の先駆けとなった。英語が広まったことで、教育を受けたインド人が西洋の書物や思想に触れるようになり、インド人とイギリス人とのあいだでより幅広く意義のある交流が可能となった。パーシヴァル・スピアが述べるように、「英語の知識が広く普及したことで、イデオロギー上の架け橋がつくられた。イギリス人法律家や役人、宣教師、さらには学習に関心のない人びとからも思想があふれていった。……根本的な事実は、これらの思想が根付き始めたことである(68)」。

第二に、インドの司法制度が、イギリス型に沿ったものに改革された。一八三五年より、英語がペルシャ語に代わって公式記録言語となり始め、さらにイギリス法の理念や手続きもまた、インドに導入された(69)。ジェームズ・フィッツジェームズ・スティーヴンは以下に述べるように、イギリス法がインド社会に与える影響に大きな希望を抱いていた。

臣民の日常生活の最も根幹部分を規定する法制度を構築することは、それ自体実質的には道徳的な征服を確立するものである。それは、物理的な征服が可能にするものと比べると、より顕著で持続性があり、はるかに確固としたものである。また宗教のそれに例えられるほど、あらゆる方法で臣民の精神に影響を及ぼすものである。……実際にわれわれの法律とは、われわれが彼らに教えねばならないものの総体であり実体なのである。(70)

またイギリス人は、インドの教育制度もイギリス型を基に改編した。一八五四年のチャールズ・ウッド教育使節はコルカタ、ボンベイ、マドラスに大学を設立し、それらはすべてロンドンの大学の試験制度を採り入れた。

以上のような諸改革や諸制度の変容を通じて、経済的な豊かさや仕事上の成功が、自身の英語習得やイギリス型の法手続き・業務手続きの導入によって決まるような、新たなインドの中産階級が出現してきた。(71) そして、このような協力者らの階層が広がり名声が高まったことが、イギリスの思想や慣行をインドに根付かせるうえで、次に中心的な役割を果たした。スピアによれば以下のとおりである。

イギリスの至上の役割とは、いわば「文化の伝道者」としての役割であった。……英語の導入は西洋思想の牽引役となり、イギリス法が標準的慣行となった。イギリスの書物とともに、西洋の道徳や宗教思想がもたらされた。また宣教師の渡来も、いわば西洋の道徳的戒律の実践例をもたらしたのである。[72]

それでは、イギリスはどの程度、インドの政治文化を形成していた規範や価値を変えることに成功したのであろうか。一九世紀のあいだ、イギリス統治はインドの政治的営みの構造や規範指向に深い影響を与えた。イギリス人が現れる前には、インドの政治は宗教上の宗派や慣行、カースト制度、そして強力な地元や地域への忠誠によって支配されていた。だが一八〇〇年代末までに、円滑な行政や司法に関する西洋の考え方が徐々に政治の世俗化をもたらし、カースト制度の意義も幾分低下していた。また英語の普及は、それまで言語上の多様性（一七九もの異なる言語と五四四もの方言が意志疎通を妨げていた）によって続いてきた政治的な地域主義の克服を促した。端的に言えば、イギリスの政治的価値や慣行が、植民地主義の圧力のもとで衰えつつある伝統的規範と混ざり合い、いくつかの事例においてはそれにとって代わるようになったのである。

すでに述べたように、これらの変化は大部分、インド国内で新たな政治的エリートが出現したために起こり得たものである。イギリスのインド統治は、英語を話し西洋の教育を受けた職能集団で構成されるような、新たな協力者らの階層を通じて行われた。イギリス人が導入した教育制度のもとで教育を受けたこれらの人びと——官僚や弁護士、医者、教師ら——は、インド社会のなかで急速に卓越した地位に昇りつめていった。立身出世の機会に感化され、また西洋の教育を教え込まれたこれら新たな政治的エリートは、イギリスのインド統治によって提唱されていた価値や規範を信じ、支持するようになったのである。このようにして彼らは社会化の仕組みを提供し、イギリスの価値がインドの政治文化のなかに浸透する媒体となったのである。

だが一八〇〇年代後半までに、西洋の政治的価値とその教えが浸透し普及してゆくにつれて、そのことがしだいに強まる民主主義やインド独立運動を刺激していった[73]。インドに導入されたリベラル思想が体現する理念を考えれば、イギリス人と同様の西洋の教育を受けイギリス人の統治を円滑にするために選ばれたエリートこそが、後に帝国支配の正統性を失わせてしまう背後にある原動力となったことは驚くことではない[74]。だが反対運動が盛んになったあとでさえも、イギリスがインドの政治文化へいかに深く浸透していたかは明白であった。アニール・シールが指摘するように、「新たに出現してきた政治家らは申し分ないほどに立憲的であった。彼らはイギリスの司法を高く評価し、また女王陛下を祝福すべく神に祈っていた。さらに彼らはイギリス議会内にも友人を持っていた[75]」。このような動きを見るならば、イギリスのインド統治の軌跡が軍事的・経済的な力のみならず、理念の力によってもつくられていったことがわかる。一八〇〇年代にイギリス統治が強化されていったのは、少なくとも部分的には社会化のプロセスのためであった。政治的価値に見られる変化は、政策の強制を通じて生じた。すなわち、西洋の政治制度や慣行を強制的に導入した後に、理念が普及したのである。さらに協力者たるエリートは、財政的・政治的な利益の約束に引き寄せられた。それでもなおインドの政治的エリートは、イギリスが強制したためにおとなしく従うことを単に口にしていただけというよりも、むしろ実際に西洋の価値を信じるようになった。そして、その後にインドのナショナリズムの勃興やイギリスのプレゼンスの非正統化が起こったこともまた、軍事力や経済力の位置付けの変化よりも、むしろ信念の変化と結び付いていたのである。

エジプト　一八八二年の占領以後のイギリスのエジプト統治は、インドにおけるイギリスの経験と好対照をなしている。なぜなら彼らはその意図や行動において、自らがインドで行ったのと同様には、エジプトの政治文化に浸透し再構築することがなかったためである。占領当初からイギリスのエリートらは、富をもたらす正規の植民地としてエジプトを公式帝国に編入しようとはしなかった。それよりも彼らは、エジプトを主にスエズ運河とインド航路を守るのに必要な戦略的資産として見ていた。アラービー大佐の反乱後にエジプトで安定を回復してからは、彼らはイギリスの戦略的・経済的権益が脅かされることなく撤退できると思い込んでいた。[76]そのためイギリスのインド統治に見られる福音主義的、道義的、そして規範的な指向は、イギリスのエジプト政策には全く欠落していた。

イギリス人は、エジプトを統治してきた現地の政治・司法・行政機構を再構築しようとしなかった。彼らは既存の行政機構を微調整し、より円滑にすることだけを模索していた。ミルナー子爵の言葉によれば、「イギリスの政策担当者らの目的は、政治的な見解においてではなく、精神的な面においてエジプトの官僚をイギリス化することであった。それは、高潔さと職務への奉仕こそイギリス行政機関の公務員の正統な誇りであり、これらをその地位のなかに吹き込むためであった[77]」。

またジョン・マーロウも認めるように、「イギリス政府は、既存の政府組織の上部機関として付け加えられただけであった」[78]。

結果として、エジプトにおいては新たな政治的エリートは出現しなかった。反対に、イギリス人が占領前から占領期にかけて自分たちの協力者として頼りにしていたのは、確固たる地位を持つ地主や商人らであった。ロバート・ティグノーが指摘するように、「彼らは、階級構造を変えることなく生活水準を高めようと取りつくろっていた」。また「彼らは、既存の支配階級の地位を損なうことはないと確信させようとしていた」。簡潔に言えば「彼らは支配階級の後ろに立ちながら、統治していたのである」[79]。他方で、現地の支配階級がイギリス人に協力していたのは、西洋の価値や正義を信じていたためではなかった。むしろ彼らは、協力者としての自らの役割や、イギリスのプレゼンスにともなう融資や、灌漑の改良から利益を得ていたためであった。彼らは、イギリスの統治に魅了されたり、心理的に取り込まれたりすることはなかった。インドにおいて社会化が生じたメカニズムそのものである新たな政治的エリートの形成は、エジプトにおいては作用することはなかったのである。

エジプトの教育・司法制度における重要な改革の欠如は、イギリス統治が表面的であったことを表していた。イギリス人は、エジプト全土にわたり英語の使用を広めることには部分的にしか成功していなかった[80]。英字新聞は、エジプトではインドと同じようには広まらなかった。このことから、教養あるエリートでさえも、西洋の思想や価値を吸収する範囲は限られていた。そのうえ、教育制度はイギリス統治下では少ししか変革されず、政府予算の点からも低い優先度しか与えられていなかった(81)。ミルナー子爵も、イギリスが「任意寄付制学校《ボランタリー・スクール》の方式ではエジプトにほんの少ししか」教育改革を行わなかったと認めている(82)。また、大学の不足も重大な問題であった。イギリス人はナショナリズムの広がりを抑えるために、大学制度の拡充に現に反対していた(83)。エジプト人の多くは中等教育を修めていたものの、大学で学ぶ機会を持たなかった。それゆえ彼らは手作業を行うには十分過ぎるほどの資格があったが、政府事業や行政事務に従事するほどの信任には欠けていた。このことから、民族主義的感情に影響を受けやすく不満を抱く多くの若者たちの集団がつくられていった(84)。また司法制度上でも、イギリス統治の影響は同様に重要なものではなかった。英印間にはイギリスの法的手続きが導入されていたにもかかわらず、エジプトの司法制度はフランスのそれを手本とし続けていた(85)。

さらにイギリスが表面的にしか統治していなかったことは、彼らが特定の協力者に依存していることにも反映されていた。初期の植民地統治時代には、エジプト副王であるタウフィークが、イギリス統治を円滑に行ううえで重要な役割を果たしていた。だが一八九二年にタウフィークが世を去り、その後を継いだのはイギリスとの協力にはるかに後ろ向きであったアッバース二世であった。リチャード・コッタムはその結果を次のように述べている。「アッバース二世では、イギリスのプレゼンスの正統な代理人としての役割を果たさないとの認識に至り、……イギリス人は、直接的かつ強制的な手段にはるかに大きく依存するような——異なる型式の統治システムを樹立した(86)」。そのため一八九三年に、クローマー卿がイギリス駐留軍の一連の規模拡大に向けた最初の要請を行い、認可を得た。さらに、もはやイギリスと協力する気のない旧来のエジプト人エリートらから、イギリス人へと要員を代えていった。その結果、協力者のネットワークは崩壊していく。対照的に、一八九六年から一九〇六年のあいだにエジプトで職務に従事するイギリス人官僚の人数は、二八六人から六六二人に増えていった[87]。またエジプト人の抵抗運動に対処すべく、イギリス人は地方において厳粛な保安体制を実行に移し、現地の村落での情勢報告を行う五万人ほどの情報要員を採用することを余儀なくされた。ティモシー・ミッチェルはこのような体制について、イギリス人は「査察、伝達、訓練の面での現代の軍事的手法を、政治権力を絶え間なく行使するプロセスへと変換した」と著している[88]。民族主義運動は、イギリス植民地統治をしだいに困難かつ犠牲の大きなものとした。イギリス人は、占領開始後十年経ってようやく、そのような民族主義運動に対応すべく奮闘したのである。

こうしてイギリス人は、むき出しの強制や誘導を通じてエジプトを統治しようとした。イギリス人は、旧来のエジプトの支配エリートを、周辺的な協力者として務めを果たすよう強制したり誘導したりすることによって、彼らを選別しようとしていた。だが、ひとたびイギリス人との協力による恩恵が減り始めると、イギリス統治を正当化もしくは正統化したり、民族主義的感情や反英感情の高まりに対抗するためにエジプト社会に根付いたはずの信念や規範体系は、なくなっていた。このような現象について、ジョン・マーロウは次のように描いている。「帝国主義の唯一の道義的な正統化とは、『軍隊をともなった平和』である。だがエジプトにおけるイギリスは、そのような『平和』を実行する準備もないまま、軍隊のプレゼンスを確保しようとした」。イギリスは当初犠牲を払うことなく占領の特権を享受していたものの、すぐに「彼らがエジプトにおける自らの地位のよりどころとしていた道義的基盤を損なってしまった」[89]。このように、エジプト人エリートを社会化する努力が欠如するなかで強制を行使するだけでは、膨張するナショナリズムの流れを乗り切るには不十分であることが明らかとなった。一九一四年にイギリスは一方的にエジプトを保護領として宣言し、戒厳令を敷いた。だが一九二二年までに、イギリスの内閣はもはやこの状況は続けられないと認識し、エジプトの公式の独立を認めたのである。

信念や規範体系に裏打ちされないまま外国支配を押し付けることにより、占領期間は困難かつ比較的短命なものとなった。インドにおけるイギリスの公式帝国の経験も、ナショナリズムにおとなしく従うことによって終えたものの、エジプトと比べるとはるかに持続的なものであり、インド社会により深い影響を残した。インドにおけるイギリスの覇権の際立った特徴とは、イギリスが新たな政治的エリートを形成し社会化することに成功し、彼らエリートが浸透しインドの政治文化を再構築することができたことであった。

おわりに

本章では、社会化としてのパワーという、これまで軽視されてきた覇権的秩序の要素を特徴づけて、光を当てるよう試みた。また社会化は、どのような場合に、いかにして、国際システムにおいてパワーの源泉として効果的に機能するかを考察するうえでの、理論的枠組みを明確化した。さらに理論と事例を交差させることで、以下の三つの主な仮説を証明した。

第一に、本章のケース・スタディを通じて、社会化のタイミングと社会化が生じる範囲とは、覇権国が自らの国際秩序構想を広める努力や、さらには、従属国が国内の政治的正統性の条件を再構成や再定義をするような可能性に高度に依存することが明らかとなった。また、覇権国が新たな規範体系を提唱し、エリートが国内の政治的条件に従い社会化を最も受容するようになるのは、主に戦争や植民地において浸透した後であった。第二次世界大戦後の事例では、アメリカの規範の普及が、復興や同盟形成の課題と緊密に結び付いていた。ヨーロッパ諸国政府のエリートはリベラルな多国間主義に反対する左派・右派双方と対峙していたものの、マーシャル・プランの復興支援とそのイデオロギー的な装いを通じてエリートの手腕は強力なものとなっていった。さらに、リベラルな多国間主義を押し進めようとする強制的な取り組みが当初に失敗した後で、アメリカの政策担当者らは、ヨーロッパの国民や指導者自らが戦後秩序を構築するイニシアティブをとっていく必要性に、より配慮するようになった。ヨーロッパ人とアメリカ人は、対立と妥協を通じてのみ戦後秩序の規範をめぐって見解の一致に達したのだ。またアンドリュー・ションフィールドの言う「思想改革」のプロセスは、ヨーロッパ人が植民地化や帝国特恵の規範から徐々に脱却することにともなって生じた。(90) たとえばインドの事例では、イギリス人は植民地でのプレゼンスによって、新たな職能階級の出現と選別をもたらし、彼らがインド社会のなかで急速に名声と政治権力を確立したために、自らの統治を正統化することができた。さらにイギリス人は、インドの伝統的規範をイギリス自身の規範に代えることで、国内の政治的正統性の規範を巧みに利用した。そうすることにより、彼らは自らの統治を強固なものにし、正統化することができたのである。他方でエジプトの事例では、イギリスの政権は支配をするうえで伝統的エリートに依存していたがゆえに、国内の正統性の規範に変化がほとんど生じなかった。そのため規範が普及する機会もなく、結果としてイギリスの統治と国内政治のあいだに相互作用が欠如することになり、正統的支配には至らなかった。

第二に、本章のケース・スタディにより、社会化とは大衆の現象ではなく、主にエリートの現象であることが確認された。国家の行動に重大な影響を及ぼすためには、規範がエリート・コミュニティのなかに根付かなければならない。ウィルソンのリベラルな規範を確立しようとする構想は、実質的にイギリスとフランスにおいて大衆の支持を得ただけであり、エリート集団には熱意をもって迎えられず、和平プロセスの形成に十分な成果をもたらさなかった。一方、インドにおけるイギリスの規範の普及は、新たな政治的エリートの形成と選別の結果から生じた。対照的に、エジプトでのイギリス統治は、伝統的エリートを介して統治するというイギリスの決断が作用した結果、脆弱な性質となったのである。

第三に、本章のケース・スタディを通じて、社会化が主に国外からの誘導かあるいは国内の再構築を通じて生じ、規範に基づく説得は社会化のプロセスを押し進めるには不十分であることが明らかとなった。従属国のエリートは、物質的な誘因の提供と組み合わされているか、あるいは直接的介入で規範が押し付けられてのみ、覇権国の提唱する規範や理想を信じるようになる。ウィルソンの構想は、一九一八年以後のヨーロッパにいくらか信奉者を見いだしていたものの、その根本的な失敗は、少なくとも部分的には経済的・軍事的支援の後押しがなかったという事実のためであった。他方で第二次世界大戦後のヨーロッパでは、アメリカの物質的支援の提供や連立政権の再編の機会が、規範的合意の確立を押し進めた。またインドでは、少なくとも部分的にはイギリスとの協力にともなう政治的発展や物質的利益のために、新たな政治的エリートが出現した。

社会化は強制や物質的な誘因によって引き起こされるものの、そのプロセスは強制的なパワーの行使の点だけでは説明できないような結果をもたらすこともある。また社会化は、覇権システムを構築する相互作用の性質やそのコスト、期間に影響を及ぼす。とくに、社会化は強制という恒常的な脅威がなくとも国際秩序を維持することができ、そのような方法で覇権的パワーの正統化をもたらす。この点に関して、覇権国の軍事的・経済的支配の衰退のみならず社会化の遺産という点からも、覇権国の衰退、とくに「パクス・アメリカーナ」の衰退を研究することは意味を持つものであろう。すでに述べたように、社会化の重要性とは、覇権国の強制力が衰退する期間において最もよく見られる。本章の議論によれば、一九四〇年代後半にエリートのあいだでリベラルな多国間主義的規範が広がったことにより、物質的資源の分布だけに注目する論者の予測を越えて現在の覇権秩序はより長く持続することとなったのである。また覇権的パワーの社会化により、戦後システムのルールや制度に、ゆるやかな規範的合意が埋め込まれた。このようなルールや制度は、覇権国の衰退の分岐点をはるかに越えて持続するであろう。それでもなお「パクス・アメリカーナ」は衰退の途上にあり、そのため将来の覇権国が新たな秩序を正統化するのに行使するであろう規範的理念の性質について、深く検討することが求められているのである。

注

以下の人びとからの貴重なコメントや提案に深く感謝する。ヘイワード・アルカー、ヘンリー・ビーネン、ジョージ・ダウンズ、マイケル・ドイル、ジョン・ルイス・ギャディス、フレッド・グリーンスタイン、スティーヴ・ハガード、ジョン・ホール、ロバート・ジャーヴィス、ピーター・カッツェンスタイン、ロバート・コヘイン、スティーヴン・クラズナー、M・J・ピーターソン、デイヴィッド・ラプキン、ジョン・ラギー、ジャック・スナイダー、スティーヴン・ウォルト。また本章の研究は、ピュー慈善財団国際経済・国家安全保障プログラム及び、プリンストン大学国際関係研究センターの支援を受けた。

（1）本章は、国際システムにおける正統性の性質の理解を深めることを目的とした以下の既出発表論文を基礎としている。G. John Ikenberry and Charles A. Kupchan, "The Legitimation of Hegemonic Power," in David Rapkin, ed., *World Leadership and Hegemony*, vol. 5 of *International Political Economy Yearbook*（Boulder, Colo.: Lynne Rienner, 1990）を参照。本章にある

文献のいくつかは、既出発表論文でも引用されている。

（2）学者によっては、パワーの政治的側面、経済的側面、イデオロギー的側面を一般的に区別している者もいる。Michael Mann, *The Sources of Social Power*, vol. 1, *A History of Power from the Beginning to AD 1760* (Cambridge: Cambridge University Press, 1986), especially pp. 22–8（森本醇・君塚直隆訳『ソーシャルパワー：社会的な〈力〉の世界歴史Ⅰ――戦史からヨーロッパ文明の形成へ』NTT出版、二〇〇二年）; Kenneth Boulding, *The Three Faces of Power* (Newbury Park, Calif.: Sage, 1989) を参照。

（3）Alexander George, "The 'Operational Code': A Neglected Approach to the Study of Political Leaders and Decision Making," *International Studies Quarterly* 13 (June 1969): 190–222 を参照。ジョージは、政治指導者の行動規範とは、深い哲学的信条と用具的信条という二つの信条レベルによって構成されると論じている。筆者の規範についての考えは、ジョージの唱える用具的信条の範疇に近い。この信条レベルとその検証方法に関するより詳細な議論については、一九八九年のアメリカ政治学会の年次大会（アトランタで開催）で発表された以下のペーパーを参照。Charles A. Kupchan, "France and the Quandary of Empire, 1870–1939." この発表をより明確にするために、筆者は規範、価値指向、利益、選好を、以下のように区別する。まず規範とは、国際秩序に関する考え方の根幹となっている全般的な理念のことである。価値指向とは、特定の政策的争点や行動形式に対する規範に基づいた方針のことである。利益とは、繁栄や政治的安定や安全保障などのような、政策の広範な目的のことである。そして選好とは、行動の選択肢や政策の選択に関する順序のことである。

（4） 後述のケース・スタディにおいても論じているように、規範の内容は時とともに変化してゆく。たとえば、一九世紀のヨーロッパ国際システムにおけるイギリスの覇権は、自由貿易の理念によって支えられていた。また、インドにおいて最も顕著に現れているように、イギリスの植民地支配は自由主義の導入や浸透によって支えられていた。他方で第二次世界大戦後の時代では、アメリカの覇権システムはリベラルな多国間主義や民主政治という規範によって浸透したものであった。

（5） 黙従（または「受容」）の形式の同じような区別は、マンによって論じられている。「現実的な（*pragmatic*）受容とは、個人がほかに現実的に代わるものを単に見いだしていないために従うことである。他方で規範的な（*normative*）受容とは、個人が支配層の道義的期待を自らのものとし、自らの従属的地位を正統なものと見ることである」。Michael Mann, "The Social Cohesion of Liberal Democracy," *American Sociological Review* 35 (June 1970): 423–39 を参照。

（6） 国際市場におけるパワーの行使の議論については、Scott C. James and David A. Lake, "The Second Face of Hegemony: Britain's Repeal of the Corn Laws and the American Walker Tariff of 1846," *International Organization* 43 (Winter 1989): 1–29 を参照。

（7） Robert Keohane, *After Hegemony: Cooperation and Discord in the World Political Economy* (Princeton, NJ: Princeton University Press, 1984) p. 32（石黒馨・小林誠訳『覇権後の国際政治経済学』晃洋書房、一九九八年）および Stephen D. Krasner, "American Policy and Global Economic Stability," in William P. Avery and David P. Rapkin, eds., *America in a Changing World Political Economy* (New York: Longman, 1982), p. 32 を参照。第二次世界大戦後のアメリカは、著しく多様化した資源のなかでも潜在的な強制をともなう最も重要な事例を提示している。

クラズナーは次のように論じている。「アメリカの指導者は、アメリカにとって低い機会費用のもとできわめて広範囲の資源を投入することが可能であった。アメリカ自身は脅威を行使しても多くを失うわけではなかったために、アメリカの脅威には真剣味があった。またアメリカの指導者は、たいていほかのアクターにも政策の変更を強制できるよう関連付けることができた。アメリカは、自らが必要とする以上に他国が必要としている資源を持っていたため、誘導することができたのである」。

（8） Keohane, *After Hegemony*, p. 39（石黒・小林訳『覇権後の国際政治経済学』）.

（9） Robert Gilpin, *War and Change in World Politics* (New York: Cambridge University Press, 1981) p. 34.

（10） 覇権的パワーのメカニズムやダイナミズムを正確にとらえるような、より洗練されたモデルを発展させるために、これまでさまざまな努力がなされてきた。たとえばスナイダルは、覇権について、寛容でありまた説得によって行使されるもの、寛容ではあるが強制によって行使されるもの、強制的かつ搾取的であるもの、とする三つの形式について概説している。Duncan Snidal, "Hegemonic Stability Theory Revisited," *International Organization* 39 (Autumn 1985): 579–614 を参照。またハーシュとドイルは、協調的なリーダーシップ、覇権レジーム、帝国主義、という三つの覇権的パワーの形式について述べている。Fred Hirsch and Michael Doyle, *Alternatives to Monetary Disorder* (New York: McGraw Hill, 1977), p. 27 を参照。

（11） Robert W. Cox, *Production, Power and World Order* (New York: Columbia University Press, 1987), p. 172. またスティーヴン・ギルの以下の二つの論文も参照のこと。Stephen Gill,

"Hegemony, Consensus, and Trilateralism," *Review of International Studies* 12 (July 1986): 205–21 および "American Hegemony: Its Limits and Prospects in the Reagan Era," *Millennium: Journal of International Studies* 15 (Winter 1986): 311–36.

(12) Max Weber, *Economy and Society*, vol. 1, edited by Guenther Roth and Claus Wittich (Berkeley: University of California Press, 1978), p. 213（世良晃志郎訳『支配の諸類型――経済と社会（第1部）』創文社、一九七〇年）。

(13) Jürgen Habermas, *Legitimation Crisis* (Boston: Beacon Press, 1975), p. 101（細谷貞雄訳『晩期資本主義における正統化の諸問題』岩波書店、一九七九年）.

(14) 社会化についての筆者の考えは、政治的社会化（political socialization）に関する既存の研究に見られるものときわめて合致している。シーゲルが唱えるように、「政治的社会化とは、現行の政治システムに受容されている政治的規範や政治的行動が、世代を越えて伝わるような学習プロセスのことを指す」。R. Sigel, "Assumptions About the Learning of Political Values," *Annals of the American Academy of Political and Social Sciences*, vol. 361 (1965): 1を参照。

(15) 社会化についての筆者の考えは、ウォルツのそれとは異なる。ウォルツの理論では、社会化とはアクターが国際システムの構造的規範に同調してゆくプロセスのことを指す。それは、国家の行動を国際構造の規律や制約と一致する方向で「抑制しつつ形成する」プロセスである。Kenneth Waltz, *Theory of International Politics* (New York: Wiley, 1979), pp. 74–6（河野勝・岡垣知子訳『国際政治の理論』勁草書房、二〇一〇年）. それに対して、筆者は社会化を、その構造的環境にかかわらず、指導的な国家の価値指向が他国のエリートへと普及するプロセスのことを指す。

(16) Richard Merelman, "Learning and Legitimacy," *American Political Science Review* 60 (September 1966): 548. また、Alexander L. George, "Domestic Constraints on Regime Change in US Foreign Policy: The Need for Policy Legitimacy," in Ole Holst et al., eds., *Change in the International System* (Boulder, Colo.: Westview Press, 1980), pp. 233–62 および Thomas Trout, "Rhetoric Revisited: Political Legitimacy and the Cold War," *International Studies Quarterly* 19 (September 1975): 251–84 も参照。

(17) 国際システムにおける社会化に関する筆者の考えは、デュルケムの「集合意識」、すなわち国内社会の道徳的合意のもととなる信条や価値体系と、明確に対応している。ギデンズが述べるように、集合意識は、「このような信条や価値が個人のものの見方に及ぼす感情的・知的影響力を通じて」、内部の結合や順応をもたらす。Anthony Giddens, ed., *Emile Durkheim: Selected Writings* (Cambridge: Cambridge University Press, 1972), p. 5 を参照。それに対して筆者の主張は、共通の規範や信条の出現が、国際的な文脈では主権国家間の協力や結合を促進するという同様の役割を果たす、というものである。

(18) Merelman, "Learning and Legitimacy."

(19) この理論の国際関係への応用については、Deborah Larson, *The Origins of Containment: A Psychological Explanation* (Princeton, NJ: Princeton University Press, 1985), pp. 42–50 を参照。

(20) この点についてハースは、政策に関する知識が普及してゆく関連プロセスを「合意的知識 (consensual knowledge)」と表現している。Ernst Haas, "Why Collaborate? Issue-Linkage and

International Regimes," *World Politics* 32 (April 1980): 357–405を参照。より一般的に言えば、レジームに関する既存の研究は、いかにして規範と手続きが国家の行動指針となるかについて説いている。だがそのような研究は、いかにして規範が出現して関係諸国に根付くかについてよりも、いかにして規範は協調を促すかについてに、より焦点を当てている。それに対して、社会化に関する筆者の考えは、レジームが出現してくるプロセスに光を当てるものである。既存研究に関する全般的なレビューについては、Stephan Haggard and Beth A. Simmons, "Theories of International Regimes," *International Organization* 41 (Summer 1987): 491–517を参照。

(21) 筆者による事例の抽出は、いくつか考慮すべき以下の点によるものである。筆者は、社会化が結果に影響を与える度合いを評価するよりもむしろ、いかにして、またどのような場合に社会化が生じるかについて理解することに主な関心を置いている。したがって、早期の段階での覇権国と従属国間の相互作用に焦点を当てている。また、社会化が生じるような異なるメカニズムを調べることができるよう、歴史的事例を幅広く選ぶことに努めている。たとえば第二次世界大戦後のイギリスやフランスでは、社会化は、西ヨーロッパとアメリカのあいだに形成された政治的・経済的・軍事的連携の重層的なネットワークを通じて生じた。他方でドイツや日本では、アメリカは軍事占領や国内制度を明確に再建するという手段を用いた。インドやエジプトの事例では、イギリスの植民地への浸透例を検証できるようにした。また比較分析の分析価値を高めるために、社会化の成功例と失敗例の双方を選ぶよう心がけた。この分野における研究はいまだ相対的には発展していないもののの、これらの事例は国際関係での社会化のプロセスに関して、初期仮説を立てて検証するという試みにおいてその妥当性をさぐる役割を果たすものと考えている。

（22）以下に引用されているウィルソンの発言。Arthur Link, *Wilson the Diplomatist: A Look at His Major Foreign Policies*（New York: New Viewpoints, 1974）, pp. 96–7.

（23）以下に引用されているウィルソンの発言。Arno Mayer, *Politics and Diplomacy of Peacemaking: Containment and Counterrevolution at Versailles, 1918–1919*（New York: Knopf, 1967）, p. 21.

（24）Link, *Wilson the Diplomatist*, p. 105.

（25）Mayer, *Politics and Diplomacy of Peacemaking*, p. 368.

（26）Lloyd Ambrosius, *Woodrow Wilson and the American Diplomatic Tradition: The Treaty Fight in Perspective*（Cambridge: Cambridge University Press, 1987）, p. 2.

（27）一九一七年四月に発表されたその声明には、次のような一節が含まれていた。「自由ロシアの目的は、他国民の抑圧、他国民の所有物の強奪、外国領土の暴力的占領にはなく、諸国民の自決の原則に基づく永遠の平和の樹立にある。ロシア国民は、他国民を犠牲にして外国で勢力を増すことをめざしてはおらず、だれであれ隷属化させたり抑圧することも目的としていない」。Arno Mayer, *Political Origins of the New Diplomacy, 1917–1918*（New Haven: Conn.: Yale University Press, 1957）, p. 75（斉藤孝・木畑洋一訳『ウィルソン対レーニン――新外交の政治的起源　１９１７―１９１８』岩波書店、一九八三年）での引用。

（28）Laurence Martin, *Peace Without Victory: Woodrow Wilson and the British Liberals*（New Haven, Conn.: Yale University Press, 1958）, ch. 3.

（29）London *Times*. Mayer, *Politics and Diplomacy of Peacemaking*, p. 188 での引用。

（30） Mayer, *Political Origins of the New Diplomacy*, p. 311（斉藤・木畑訳『ウィルソン対レーニン』).
（31） Martin, *Peace Without Victory*, p. 21.
（32） Mayer, *Political Origins of the New Diplomacy*, p. 14（斉藤・木畑訳『ウィルソン対レーニン』).
（33） Martin, *Peace Without Victory*, pp. 132–4 and 148–54.
（34） *Ibid.*, p. 192.
（35） Michael Howard, *The Continental Commitment*（London: Temple Smith, 1972), pp. 110 ff.
（36） これらの構想については、リチャード・ガードナーの以下の本によってまとめられている。Richard Gardner, *Sterling-Dollar Diplomacy: The Origins and the Prospects of Our International Economic Order*, expanded edition（New York: McGraw Hill, 1969)（村野孝・加瀬正一訳『国際通貨体制成立史――英米の抗争と協力（上・下）』東洋経済新報社、一九七三年）. また、David P. Calleo and Benjamin M. Rowland, *America and the World Political Economy: Atlantic Dreams and National Realities*（Bloomington: Indiana University Press, 1973）も参照。
（37） Robert A. Pollard, *Economic Security and the Origins of the Cold War, 1945–1950*（New York: Columbia University Press, 1985), ch. 1 を参照。
（38） David Watt, "Perceptions of the United States in Europe, 1945–83," in Lawrence Freedman, ed., *The Troubled Alliance: Atlantic Relations in the 1980s*（New York: St. Martin's

Press, 1983), pp. 29–30.

(39) 以下に引用されている議会報告。Gardner, *Sterling-Dollar Diplomacy*, p. 198（村野・加瀬訳『国際通貨体制成立史』).

(40) Robin Edmonds, *Setting the Mould: The United States and Britain, 1945–1950*（New York: Norton, 1986), ch. 8を参照。

(41) Alan S. Milward, *The Reconstruction of Western Europe, 1945–51*（Berkeley: University of California Press, 1984), p. 56.

(42) Michael J. Hogan, *The Marshall Plan: America, Britain, and the Reconstruction of Europe, 1947–1952*（New York: Cambridge University Press, 1987）を参照。

(43) Charles Maier, "The Politics of Productivity: Foundations of American International Economic Policy After World War II," in Peter Katzenstein, ed., *Between Power and Plenty: Foreign Economic Policies of Advanced Industrial States*（Madison: University of Wisconsin Press, 1978), pp. 23–49を参照。

(44) G. John Ikenberry, "Rethinking the Origins of American Hegemony," *Political Science Quarterly* 104（Fall 1989): 375–400（本書第1章「アメリカ覇権の起源を再考する」)。

(45) John Gerard Ruggie, "International Regimes, Transactions, and Change: Embedded Liberalism in the Postwar Economic Order," *International Organization* 36（Spring 1982): 379–412.

(46) イギリスにおける左右双方の議論については、Gardner, *Sterling-Dollar Diplomacy*, pp. 31–

5を参照。

(47) 以下に引用されているローズヴェルトの発言。Robert Dallek, *The American Style of Foreign Policy: Cultural Politics and Foreign Affairs* (New York: Knopf, 1983), p. 147.

(48) John D. Montgomery, *Forced to Be Free: The Artificial Revolution in Germany and Japan* (Chicago: University of Chicago Press, 1957), pp. 4-5.

(49) Peter Katzenstein, *Policy and Politics in West Germany: The Growth of a Semisovereign State* (Philadelphia: Temple University Press, 1987), p. 16.

(50) *Ibid*., p. 87.

(51) Henry C. Wallich, *Mainsprings of the German Revival* (New Haven, Conn.: Yale University Press, 1955), p. 372.

(52) Montgomery, *Forced to Be Free*, p. 194.

(53) トルーマン政権は、一九四五年九月六日の降伏後におけるアメリカの初期の対日方針において、日本国国民が「個人の自由に対する欲求ならびに基本的人権とくに信教・集会・言論および出版の自由の尊重を増大するよう奨励せらるべ」きと述べている。最も重要なのは、日本国国民が「アメリカの歴史・制度・文化及びその成果を知る」べきであり、そうすることによって自らを「ニューディール型民主主義」に変える、としていることである。以下の本からの引用。Dallek, *The American Style of Foreign Policy*, p. 149. またアメリカの政策担当者らの見解によれば、リベラルな多国間主義的秩序の理念に従うためには、国内のリベラルな諸改革から始める必要がある。このような経済・政治改革によってのみ、先進工業国は戦勝国も敗戦国も同様に、アメリカの啓発する規範に従うことができたのである。
(54) 本問題についての対照的な見解に関しては、以下の本におけるエドウィン・ライシャワー、袖井林二郎、竹前栄治による論文を参照。Harry Wray and Hilary Conroy, eds., *Japan Examined: Perspectives on Modern Japanese History* (Honolulu: University of Hawaii Press, 1983), pp. 331–63.
(55) Edwin O. Reischauer, *The Japanese* (Honolulu: University of Hawaii Press, 1983), pp. 331–63（國弘正雄訳『ザ・ジャパニーズ――日本人』文藝春秋、一九七九年）.
(56) *Ibid.*, p. 107（國弘訳『ザ・ジャパニーズ』）.
(57) SCAPは、日本の一九二〇年代の政党内閣の経験を考慮するならば、アメリカ型よりもイギリス型がよりふさわしいとする結論に達していた。Reischauer, *The Japanese*, p. 106（國弘訳『ザ・ジャパニーズ』）を参照。
(58) Theodore H. McNelly, "'Induced Revolution': The Polity and Process of Constitutional Reform in Occupied Japan," in Robert E. Ward and Sakamoto Yoshikazu, eds., *Democratizing Japan: The Allied Occupation* (Honolulu: University of Hawaii Press, 1987)（「管理された革命――憲法改正の政策と過程」坂本義和、R・E・ウォード編『日本占領の研究』東京大学出版会、一九八七年）を参照。
(59) *Ibid.*, p. 108.
(60) J. W. Dower, "Reform and Consolidation," in Wray and Conroy, *Japan Examined*, p. 348.
(61) Reischauer, *The Japanese*, pp. 108–9（國弘訳『ザ・ジャパニーズ』）.

（62）Takemae Eiji, "Some Questions and Answers," in Wray and Conroy, *Japan Examined*, pp. 359–60.

（63）Masataka Kosaka, *A History of Postwar Japan* (Tokyo: Kodansha International, 1972), p. 65（高坂正堯『一億の日本人（大世界史26）』文藝春秋、一九六九年）.

（64）ただしドイツと日本双方におけるアメリカの政策は、国内制度や構造の変化が外交政策においても望ましい変化をもたらす、との前提を基にして論じられていたことに留意する必要がある。イギリスとフランスでは、アメリカの政策はより厳密に国際秩序に関するエリートの規範を変えることに焦点が置かれていた。それに対してドイツと日本におけるより野心的な取り組みは、少なくとも部分的には、新たに普及してゆく理念と対象国における既存の規範とのあいだに幅広い相違があったためである。

（65）植民地における宗主国当局者の力学に関する優れた研究としては、Michael Doyle, *Empires* (Ithaca, NY: Cornell University Press, 1986), pp. 141–231 を参照。

（66）以下に引用されているJ・A・クラムの言葉。Francis Hutchins, *The Illusion of Permanence: British Imperialism in India* (Princeton, NJ: Princeton University Press, 1967), p. 149.

（67）以下に引用されているグラントの言葉。*Ibid*., p. 5.

（68）Percival Spear, *The Oxford History of Modern India, 1740–1975*, 2nd edn. (Delhi: Oxford University Press, 1978), p. 137.

（69）*Ibid*., p. 205.

（70）以下に引用されているスティーヴンの言葉。Hutchins, *The Illusion of Permanence*, p. 126.

(71) Spear, *The Oxford History of Modern India*, pp. 206–8.

(72) *Ibid.*, p. 7.

(73) 一八〇〇年代半ばにイギリス統治は徐々に強化されたものの、それは植民地支配に対するあらゆる抵抗を排除するものでは決してなかった。一八五七年のインド大反乱は、イギリス人にとって大きな驚きとして受け止められ、軍事的動員に対するインド人の潜在的不満を表すものであった。だが一九世紀の最後の二十年に至るまで、イギリス統治が組織的な民族運動によって体系的に崩れ始めることはなかったのである。

(74) Hutchins, *The Illusion of Permanence*, pp. 190–1を参照。

(75) Anil Seal, *The Emergence of Indian Nationalism: Competition and Collaboration in the Later Nineteenth Century* (Cambridge: Cambridge University Press, 1968), pp. 14–15.

(76) Robert Tignor, *Modernization and British Colonial Rule in Egypt, 1882–1914* (Princeton, NJ: Princeton University Press, 1966), pp. 24 and 48–9. また、Nadav Safran, *Egypt in Search of Political Community* (Cambridge, Mass.: Harvard University Press, 1961), p. 54も参照。

(77) Viscount Milner, *England in Egypt* (London: Edward Arnold, 1920), p. 290.

(78) John Marlowe, *Anglo-Egyptian Relations, 1800–1953* (London: Cresset Press, 1954), p. 251.

(79) Tignor, *Modernization and British Colonial Rule in Egypt, 1882–1914*, p. 105.

(80) Milner, *England in Egypt*, p. 301.

(81) Tignor, *Modernization and British Colonial Rule in Egypt, 1882–1914*, p. 319.

(82) Milner, *England in Egypt*, p. 299. また, Safran, *Egypt in Search of Political Community*, p. 55 も参照。

(83) Tignor, *Modernization and British Colonial Rule in Egypt, 1882–1914*, p. 338.

(84) Marlowe, *Anglo-Egyptian Relations, 1800–1953*, p. 189.

(85) Tignor, *Modernization and British Colonial Rule in Egypt, 1882–1914*, pp. 123–37.

(86) Richard Cottam, *Foreign Policy Motivation: A General Theory and a Case Study* (Pittsburgh: University of Pittsburgh Press, 1977), p. 239.

(87) *Ibid.*, p. 236.

(88) Timothy Mitchell, *Colonising Egypt* (Cambridge: Cambridge University Press, 1988), pp. 97–8.

(89) Marlowe, *Anglo-Egyptian Relations*, p. 254.

(90) Andrew Shonfield, "International Economic Relations of the Western World: An Overview," in Andrew Shonfield, ed., *International Economic Relations of the Western World, 1959–1971*, vol. 1 (London: Oxford University Press, 1976), p. 98.

第3章

リベラルな国際秩序の性質と源泉

はじめに

冷戦の終結は、国際関係理論に関する新たな議論を巻き起こした。その関心の多くが冷戦終結を説明することに焦点が当てられてきたものの、同様に重要なことはこの新たな時代の展開が新たな問題を提示していることである。その問題とはすなわち、西側のリベラルな民主主義諸国間の関係に対し四〇年間もの東西対立がどのような影響を与えてきたかについてである。これは、単に歴史的な関心をたどるだけの問題というわけではない。なぜならこれは、今後の西側の大国間関係の展望に関する予測にも影響を及ぼすためである。はたして冷戦終結は、西側のリベラル民主主義諸国間の結束や協調関係の衰退につながってゆくのであろうか。NATOや日米同盟のような西側の主要な政治機構は、衰退あるいは分裂してゆくのであろうか。また「半主権的な」ドイツや日本は、従来の大国の地位に戻るのであろうか。そしてアメリカは、対外関与に消極的で孤立主義的な従来の姿勢に戻るのであろうか。これらの問題に対する回答は、西側の秩序の源泉がどのようなものであったのかということによって決まってくる。すなわち、冷戦こそが西側の結束の主要な源泉だったのだろうか、それとも西側は冷戦以前からあるいは冷戦と並行しながら、西側特有の確固とした政治秩序を維持してきたのだろうか。

国際関係理論におけるリアリズムは、これらの問いに対して最も明確に規定されながらも悲観的でもあるような回答を提示している。なかでもネオリアリズムの理論は、西側陣営内の協調について、勢力均衡と覇権という二つの有力な説明を提示している。リアリズムの唱える勢力均衡論によれば、西側の政治機構とはソ連の脅威に対抗するためのバランシングの結果であり、ソ連の脅威こそが西側諸国が協調する動機を与えていたことになる(1)。したがって勢力均衡論によれば、冷戦の終結にともなってNATOのような西側の安全保障機構は弱体化してゆき、最終的には加盟国間の戦略的対立のパターンへと回帰すると予測される(2)。他方でリアリズムの唱える覇権論によれば、アメリカのパワーこそが、ほかの民主主義諸国に西側陣営に参加する動機を与え、それにより西側の秩序を形成し維持してきた(3)。そのためアメリカのパワーが衰退するに従って、西側の対立が増大してゆくとされる。これらリアリズムの理論の基本的な趣旨とは何かといえば、西側諸国間関係は、アナーキーに関する諸問題が中心となっていた一九三〇年代から四〇年代前半のパターンへと回帰するというものである。アナーキーに関する諸問題とはすなわち、経済対立や安全保障のジレンマ、軍拡競争、ハイパー・ナショナリズム、バランシングのための同盟、そして最終的には戦争の脅威である。

だが、リアリストたちは重要な事実を見過ごしている。それは、第二次世界大戦を受けてアメリカとその同盟国が政治的、経済的、戦略的秩序を構築してきたことであり、それは大恐慌や世界大戦をもたらした諸問題を解決するものとして明確に認識されていたのである。(4) このような戦後秩序は冷戦が明確に始まっていくよりもまえにその起源が見られていたのであり、それは少なくとも冷戦からはなかば切り離されて制度化されたものである。この戦後秩序の主な特徴は、リアリズムの理論では説明できない。なぜなら西側の秩序は、あまりに多くの合意や相互性に基づく関係を内包しており、均衡や覇権の産物としてでは説明できないためである。また、西側の制度化の度合いや多国間の枠組み、さらにドイツや日本のような安定した「半主権性」なども、均衡やアメリカの覇権では説明できない。このように戦後秩序の起源の時期やその特徴について、リアリズムの理論的立場を越えて見ることによってはじめて、理解できるような問題を提示しているのである。

リベラリズムの多くの理論も、西側政治秩序に固有の特徴を理解し説明しようと試みてきた。それらによると、西側の将来の全体像は、リアリズムよりもはるかに楽観的なものとなる。「民主主義による平和」や、多元的安全保障共同体、複合的相互依存、通商国家などの諸理論は、リベラルで資本主義的そして民主主義的な現代社会とそれら現代社会の諸関係に見られる、固有の特徴をとらえようとしている。(5) だがこれらリベラリズムの理論は、西側秩序に関する重要な分析を提示する一方で、依然として不完全なものでもあり、西側秩序の最も重要な側面をいくつか見落としているのである。

本章の目的は、「構造的リベラリズム」の理論を発展させることである。この理論は、西側秩序固有の特徴をとらえるのにより適したものである。なぜならこの理論は、既存のリアリズムおよびリベラリズムの理論の強さの上に立脚しつつ、それらの弱点をも克服し得るからである。既存のリベラリズムの理論はいまだ十分な優位性を確立しておらず、また次のような事象を説明していない。たとえばそれは、伝統的なバランシングを越えるような相互拘束的な安全保障の取り決めの広がりがあげられる。また、西側システムに固有の構造的特徴や、アメリカの覇権が持つ特異な浸透性や相互性なども説明しきれていない。さらには相対利得の問題に対する資本主義の役割や、これら現代社会に浸透している市民固有の政治的アイデンティティの説明も不十分である。それに対して構造的リベラリズムは、西側政治秩序の主要な構成要素とそれらの相互関係を追究しようとするものである。これら西側政治秩序の中核的な特徴と、それと対照的なリアリズムの秩序に関する説明と理論については、表3・1にまとめている。

本章は、以下の五つの節に分けて議論を展開し、それぞれ西側政治秩序の構成要素に焦点を当てる。一つめの節では、アナーキーの問題に対するリベラルの回答として、相互拘束的な安全保障の

表3. 1　構造的リベラリズムとネオリアリズム

構造的リベラリズム		ネオリアリズム	
特徴	機能	特徴	機能
安全保障面での相互拘束	アナーキーの力学の緩和	均衡《バランシング》	国家の自立性の維持
相互浸透する覇権	政策決定の関与・共有を通じた正統性の向上	強制的な覇権	公共財提供と秩序維持
半主権的な限定的大国	問題となる国家を国際システムに編入するメカニズム	完全なる主権を持つ大国	指導的な国家によるシステムの維持
経済的開放性	比較優位の促進と相互依存の確立	自主独立	依存の回避と軍事展開能力の維持
市民的アイデンティティ	紛争緩和と統合促進	国家アイデンティティ	国家の結束・正統性・独立性の強化

取り決めについて検証する。二つめの節では、アメリカの覇権の浸透性の特徴や、アメリカの覇権下での脱国家的関係の役割、さらにアメリカの覇権が強制的ではなくむしろ相互的であるという特徴について論じる。三つめの節では、西側政治秩序の構造的特徴として、日本やドイツという半主権的な限定的大国の役割について分析する。四つめの節では、構造的な開放性、すなわち経済的開放性の政治的基盤や、相対利得の問題の解決について検証する。最後の節では、西側特有の市民的アイデンティティとコミュニティについて、西側のリベラルな制度の基盤となるその役割に焦点を当てる。最後に結論として、リベラルな政治秩序に関してこれまでとは異なるこのような新たな概念の重要性について論じる。

安全保障面での相互拘束

　ネオリアリズムは、国際システム構造をシステムの構成単位である国家レベルの行動と関連づける、きわめて説得力のある議論を提示している。ネオリアリズムの理論の核心とは、国家はアナーキーなシステムにおいてはバランシング戦略を追求するというものである。アナーキーとは、ユニットである国家が安全保障に関して拠り所とし得る中心的権威が存在しないことを意味する。そのため、そのような状況下においては、国家は安全保障上の脅威と認識している国々に対して、安全保障を求めて均衡《バランス》しようとする。またバランシングには、国内的な側面と対外的な側面の両面がある。国内的には、（軍備拡張や国力の増産を通じて）パワーの源泉を国内に結集するかたちをとる。そして対外的には、バランシングは典型的なアドホック型をとる。たとえば脅威となり大きなパワーを持つ国からの安全保障上の恐怖を抱いている国々がある場合、ある国家はそれらの国々と連携することで覇権に対抗する同盟を形成するだろう(6)。また、バランシングがうまく機能する場合は、システムレベルでパワーが集中するのを抑えることで、アナーキーを強めたり新たにアナーキーを生み出したりする傾向がある。すなわち、バランシングとアナーキーとは実質的に互いを創出する性質を持っている。このようにアナーキー下でのバランシングとは、国力が国際社会のなかで増強していくような傾向を持つものの、他方でシステム規模のガバナンスを形成しにくくする。このようなアナーキー下のバランシングのパターンは、近代のヨーロッパ中心の時代のみならず、現代に出現しつつあるグローバルなシステムにおいても、西側の国家システムを特徴づけてきた。このような長期的パターンとそのロジックの深さゆえに、リアリストたちは、アナーキーである限りは、国際政治においてバランシングが普遍的に広まっていくものと予測している。

だがこのようなリアリストの見解は、他方で自由主義諸国が先鞭を付けてきた独特な取り決めや、それが西側にアナーキーとは異なる固有の構造をもたらしてきたという事実を見過ごしている。ネオリアリストは認めていないものの、自由主義諸国は相互拘束的な取り決め、すなわち互いを制約する制度でそれぞれを拘束することによって、互いを結び付けようとしているのである。[7] このような相互拘束的な取り決めは、非対称的にも対称的にもなり得る。非対称的な拘束性とは覇権や帝国の特徴でもあるが、自由主義諸国はそれとは異なり、ヒエラルキーを生み出すことなくアナーキーの影響を克服するような、より相互的で互恵的な拘束を行っているのである。このような相互拘束的な取り決めとは、アナーキーの問題やその力学を無視するものではなく、むしろそれらを克服することをめざしている。なぜなら相互に制約する制度を構築することによって、相互拘束はアナーキーに関連するリスクや不確定要素を緩和するからである。このような取り決めは、潜在的脅威を持つ国家を予測可能で制約された行動パターンに結び付けることをめざし、またそのような潜在的脅威に対するバランシングを不必要なものとする。

相互拘束的な取り決めは、とりわけ自由主義諸国に適したものである。なぜなら相互拘束がうまく機能すれば、ユニットである国家が強力で自立的な国家機構を持つ必要性は低下するからである。

またリベラルな民主主義諸国こそ、相互拘束的な取り決めにとくに適した国々である。なぜならそのような国々の国内構造は、国家の自立性を制約する制度構築へと自ら進んで向かってゆくためである。アナーキーやバランシングと同じように、相互拘束もまた国際環境を構築する。その場合構築されるものとは、相互拘束にとくに適した自由主義諸国にとって親和性のある国際環境なのである。このような相互拘束的な取り決めは、ネオリアリズムの理論では見過ごされてきたものの、西側の自由主義諸国が示してきたような確固たるロジックを持つものである。

相互拘束は、西側自由主義秩序の重要な特徴のひとつである。均衡や覇権が西側の制度構築に一定の役割を果たす一方で、このような拘束的な取り決めこそが、西側諸国間のアナーキーとその影響を克服しようとする独自の重要な動機となっていった。たとえば第一次世界大戦後、アメリカは国際連盟を通じて西側諸国間に拘束的な制約を基礎とした国際システムを構築しようとした。だがこれは不十分なかたちで実践に移され、また実践された範囲においてもさまざまな理由により失敗に終わった。(8) 第二次世界大戦後、アメリカとヨーロッパの自由主義諸国は、今度はNATOを通じて自らを拘束しようとした。リアリストは、戦間期の拘束の取り組みの失敗の原因を理想主義によるものとして退け、第二次大戦後の制度の成功は純然たるバランシングの結果としている。だがヨーロッパやアメリカの人びとは、二度の世界大戦に帰結したようなパターンを避けたいという考えから、これらの制度のかなりの部分を構築したのである。

西側の最も重要な相互拘束的な制度は、言うまでもなくNATOである。ソ連の脅威がNATO

創設への大きな政治的誘因となったものの、同盟の積極的な提唱者らの頭のなかにはつねに、この同盟が西欧諸国がお互いを制約しまたアメリカをヨーロッパに結び付けるという、それ以上の目的があった。[9] 実際にNATOは、ソ連に対抗するのと同様に、「ドイツ問題」を解決するものでもあった。NATO初代事務総長のイズメイ卿の有名な言葉にあるように、NATOの目的とは「ソ連を追い出し、ドイツを抑え込み、アメリカを招き入れる」ことであった。またこれらの目標は、すべて相互に連関していた。ソ連に対抗するためには、ドイツのパワーをほかのヨーロッパ諸国の脅威とならないようなかたちで動員し、またアメリカをヨーロッパ大陸に深く関与させるように結び付けることが必要であった。

NATOという同盟は、アドホック型の防衛同盟という従来のリアリズムの概念を超えたものである。なぜならNATOは精緻に組織化され、共同軍事計画や国際的な軍事司令系統のなかに国家を埋め込み、政治的・軍事的な政策決定に関して政府を越えた複合的な枠組みの政治プロセスを構築したためである。[10] この同盟の相互拘束的な性質は、加盟国のNATOへのコミットメントを半ば恒久的なものと位置付け、それはすなわち脱退を困難にするために自国を同盟の枠内に固く組み込むという顕著な取り組みを見ても明らかである。

また、アナーキーの力学を克服したいという願望から、とくにヨーロッパでは経済面でも相互拘束的なアジェンダが生まれてきた。のちに続く欧州統合の動きは、戦略的・軍事的競争ではより大きなコストがかかるという理由から、対立が起こらないためにも、ドイツとその周辺国とのあいだに経済的相互依存を積極的に確立しようとしてきた。欧州石炭鉄鋼共同体はこのような取り組みの最初の成果であり、戦争勃発のきわめて重要な原因となり得る重工業を巧みに管理してきた。他方でアメリカも、マーシャル・プランを実施するにあたり、旧来からのヨーロッパ諸国間の敵対関係を克服するような経済的相互依存をつくりだすために、共同の経済機関の設立を促すよう努めてきた。[11] またアメリカは、ヨーロッパ諸国を互いに結び付けてアナーキーの現象に回帰することを防ぐべく、ヨーロッパの連合へ向けた政治制度の創設も支援してきた。[12] そのため、共同体構築を提唱するヨーロッパの人びとのみならず、欧州復興を支持するアメリカの人びともまた、従来のアナーキー下でのウェストファリア的な国家ではなく、アメリカにより似たかたちでヨーロッパの制度を確立するために、積極的に働きかけてきたのである。

このような西側自由主義諸国間の安全保障面での相互拘束の結果、ネオリアリズムの理論では理解できないようなかたちで、西側陣営内のアナーキーを緩和することのできる政治秩序が構築されたのである。このように拘束的な取り決めから構築された諸制度は、大西洋地域内のアナーキーな関係を劇的に変えながらも、ヒエラルキーを生み出すことはなかった。ウォルツのネオリアリズムは、秩序をヒエラルキーなものとアナーキーなもののいずれかとしてとらえている。そのためネオリアリズムの理論は、制度がヒエラルキーとアナーキーのあいだに位置し、リベラルな秩序構造を形成するということを理解する能力に欠けているのである。

浸透する覇権

リアリズムの説明によれば西側政治秩序の第二の主要なロジックとは、アメリカの覇権である。覇権論者は、トゥキュディデスからE・H・カーまで系譜をたどるものであり、秩序とはパワーの集中から生まれ、パワーの集中のない場合には反対に無秩序が国内および国際政治の双方を特徴づけると主張している。国際システムにおいては、パワーの集中が覇権を生み出し、それは非対称的なパワーの関係をもとに体系化したシステムとして考えられている。(13) 覇権論によれば、西側秩序とはアメリカの優越性の産物であり、そのようなアメリカの優越性は、安全保障や経済に関する主なルールや制度が構築された第二次世界大戦後の時期にその絶頂にあったと論じている。このような西側のイメージによれば、秩序が維持されるのはアメリカが強制力を持ち、ルールを形成、維持し、さらにはヨーロッパや東アジアの従属国を誘い込みつつ見返りを与える能力や意思を持っているからである。

勢力均衡論も覇権論も、ともにこれまでネオリアリズムの説明として考えられていたにもかかわらず、それら二つの理論の関係性はより大きな問題をはらむものである。なぜなら実際には、これら二つのネオリアリズムの理論の説明は、世界政治における秩序について全く相反するイメージを持っているからである。すなわち、一方で秩序がパワーの集中より生じることを強調し、他方でパワーの集中がかえってバランシングのための対抗勢力を生み出すことを強調している。このように、勢力均衡論は覇権論に対し次のような根本的な問いを投げかけている。それは、なぜ覇権システム下の従属国は覇権国に対してバランシングをしようとしないのか、という問いである。[14] この問いに答えるためには、安定した覇権秩序というものは覇権論の示すような単純なイメージとはかけ離れたものだと考える必要がある。

アメリカを中心とする西側秩序は、覇権—従属といった垂直的関係だけに基づいた秩序よりも、はるかに多くの相互性と正統性を示している。アメリカの覇権は強制的というよりも、むしろ合意に基づき、協調的で一体的であるために独特のリベラルな傾向を持っている。このようなシステムは、とりわけその透明性や、多くのアクターへのパワーの拡散、さらには政策決定への多様な接点など、独特の特徴を持っている。そのような特徴によって、西ヨーロッパや日本といった同盟国は、システム全体の政策決定に関与することができるようになったのである。[15] 結果として、アメリカの覇権は高度に正統性を持つものとなり、「招かれた帝国」となったのである。[16]

このシステムを理解するためには、アメリカの国家構造と、脱国家的関係の広まりという、リアリストが見過ごしている二つの要因を考慮に入れる必要がある。ある自由主義国家が覇権国であった場合、システム内の従属的アクターは自らの利益を明確にするために、覇権国との多様なチャンネルやそのための仕組みを持つ。脱国家的関係とは、システム内の従属的アクターが覇権国に対し自らの利益を明確にするための媒体であり、また覇権国と従属国とのあいだで見解を一致させるためのものでもある。すなわち自由主義国家の持つ開放性や脱国家的関係によって、覇権システムがバランシングによって損なわれたり強制的になることなく、システム内で運用すべき政治プロセスがかたちづくられるのである。

第一に、アメリカの国家に固有の特徴のひとつは、その分権的な構造である。それは国内・国外のいずれでもそうであり、競合する集団が多くの接点を有している。自由主義国家アメリカの政策決定プロセスには透明性があるため、従属国は突然の事態に左右されない[17]。このように自由主義国家アメリカの基本的特徴とは、国家が、市民社会から派生した集団や勢力と密接に関連付けられており、また接点を有していることである。またアメリカの政治システムの規模やその多様性、そして連邦制の特徴もまた、数多くの影響や接点を付与している。さらにはアメリカの政体は、パワーの分散や多元的なパワーなど、国際政治とも関連する多くの特徴を持っている。そのため、アメリカ国外のリベラルな社会からの圧力や影響なども組み込む用意ができているのである[18]。要するに、アメリカの開かれた国内構造とは、単なる特異な現象や国内的な現象だけにとどまるものではなく、西側システムの運用に不可欠なものでもある。

リベラルな覇権システムに不可欠な第二の構成要素は、脱国家的関係である。だがこれまでリアリズムやリベラリズムの論者らは、いずれもその役割と重要性を理解してこなかった。リアリストは、脱国家的関係を覇権的パワーの派生物ととらえ、副次的な重要性しか認めなかった。彼らにとっては覇権こそが、そのような相互作用を高めることができる枠組みを提供するものであり、第二次世界大戦後の脱国家的関係の発展とは、アメリカの覇権の帰結でもあった[19]。その反対に、リベラルは、脱国家的関係にきわめて大きな関心を払ってきた。彼らにとって脱国家的関係とは、最終的には国家にとって代わるものであり、多国籍企業や国際機関、さらには国家や政府を越えた専門家集団のネットワークなど、非国家主体に政治権力が移ってゆくシステムの原型である。[20]

だが、脱国家的関係とは付属物でも派生物でもなく、このようなリベラルな覇権システムの運用に必要不可欠な構成要素である。[21] このシステムは透明性やアクセス、代表性、そしてコミュニケーションや合意形成メカニズムを提供するものである。自由主義国家が非国家主体を受け入れ、またそれらをつなぐ脱国家的関係があるからこそ、従属国は自らの利益をきちんと明示し代弁させることができるのである。さらに、覇権システム下のアクター間で国家を越えて連携することにより、複合的なコミュニケーションのシステムが構築される。そのようなコミュニケーションのシステムは、絶えず選好をかたちづくってゆき、システム内のアクター間で利益が分化してゆくことを抑えるのである。[22] また国家を越えたネットワークは、システム全体を通じて合意形成を行い、政策立案者らに働きかける役割をも果たす。このように脱国家的関係が複雑に入り組んだ覇権システムにおいては、非対称的な関係の正統性は高まるのだ。そのようなプロセスを通じて、従属国の観点から見ても非対称的な関係をある程度受容できるようになる。そして従属国が対抗する傾向を弱め、それに応じて覇権国が強制を行う必要性も減るのである。[23] そのような正統性は、リアリズムの覇権モデルが予測する以上に、覇権システムにより大きな安定性と弾力性を与えるものである。このように影響力のベクトルは、覇権モデルが示すような中心から周辺へと向かってゆくだけの単一の方向ではなく、むしろ全く相互的な政治秩序を生み出すような双方向に動くのである。それは、多様な接点を持つ国家構造と、脱国家的な国家プロセスが存在するためである。

日米関係は、大西洋関係ほど幅広く制度化されていないものの、同様の特徴を示している。[24] 日本企業の幹部は、とりわけ通商政策など日本の利益に大きな影響を与える分野では、ワシントンの政策決定過程に広範な接点を持ち、アメリカの政策決定に影響を及ぼすことができるのだ。[25] このような日本からの接触は相互的なものではないものの、この非対称性は同盟国としての日本の従属的役割を補強することに役立っている。またこのような接触と影響力は、日本の観点から見れば、日本に対するアメリカの膨大なパワーに対抗するのに役立ち、日米関係に正統性と安定性を加えるものである。他方でこのような日本の接触は、アメリカ国家としては弱さであるが、アメリカのシステムとしては強さなのである。

半主権的で限定的な大国

リアリズムが前提となるアナーキー下の国家イメージとは異なる西側自由主義秩序の、第三の主な構造的特徴とは、半主権的な限定的大国としてのドイツと日本の独特の地位である。日独両国とも、戦後にアメリカや西側の連合国によって押しつけられた「平和憲法」を持つ。だがリアリストの予測に反し、その後に日独両国の国民にこの憲法が受け入れられただけでなく、その政治システムは誇るべき特徴として取り入れられるようになった。このような国家構造は、リアリズムのモデルにはあてはまりにくい特異なものであるが、西側政治秩序にとってはたまたま表れたのではなくむしろそこでは欠くことのできない特徴となっている。

リアリズムの理論の前提によれば、国際システムを形成するユニットとして、国家は次のような性質を持っている。すなわち、国家は主権を有しているのであり、もしその国家が十分な能力を持つ場合に、そのような国家は大国とみなされることになる。ここでリアリストの理解する主権とは、ウェストファリア的な主権である。すなわち、国家は一連の権利を持つと同時に、一連の責任を負う。そのような責任のなかで最も重要なものは、統治権や法的な平等性を相互に承認するということである(26)。さらにリアリストは、ウェストファリア的主権がアナーキーな国家システムを制度化する主要な手段のひとつと理解している。このようにウェストファリア的主権は、国家の優越性を高め、ヒエラルキー的なアナーキー状態を強め、そこである程度の規則性を付与する(27)。「大国」という概念もまた、リアリズムの理論の中核を占めている。大国とは、自国の安全を保証するのみならず、周辺に位置するよりパワーの小さな国家に対しても影響力を行使し、それに対して影響を与える十分な能力を持つ特権的な国家のことである。このような大国に関するリアリズムの考え方にとって不可欠なものは、大国とは国政術《ステートクラフト》を発揮するうえであらゆる手段を備えており、なかでも最も重要なのは自らの大国的地位を要求するのにふさわしい、システムに影響を及ぼすような強力な軍事制度を持っていることである(28)。ウェストファリア的主権や大国の存在こそが、アナーキーな国際社会に対するリアリズムの考え方の伝統的特徴なのだ。

だが西側システムにおける二つの主要国であるドイツと日本は、そのようなリアリズムが予測する経路をたどっておらず、むしろ半主権的で限定的な大国となっている。日本とドイツは第二次世界大戦以降、「半主権的」な国家であると広く言われてきた(29)。そのようなイメージは誤解を招きかねないものであるが、日独の独特かつ特異な特徴や役割をつかむうえで重要なものとも言える。一九四五年以後、日独両国は復興してゆくにつれてウェストファリア的な主権国家が有するべき権利と責任が完全に認められるよう要求を続け、アメリカやその他西側諸国は日本とドイツの復興と国際システムへの再統合の一環としてそれを認めるのに前向きであった。だがそれでもなお、日独両国を基本的に半主権的な国家であると特徴づけることは適切なものであろう。なぜなら日本とドイツは主権国家として認めてもらうかわりに、国際関係においてきわめて自己抑制的な役割を受け入れたためである。日本とドイツは自ら進んで完全無欠な大国としての役割や活動を自制したがゆえに、法的な主権を回復することができたのだ。

このような法的な主権性と実質的な半主権性という特異な状況の中核として、二つの構造のレベルがある。それは、日本とドイツが憲法上の制約を自らに強く課したことと、より広範な政治や安全保障上、そして経済上の諸制度に組み込まれたことである。占領や戦後復興の時期に形成された日独両国の国内政治構造とは、議会制民主主義であり、連邦制度であり、また司法権の独立であった。したがって日本とドイツは、旧来の閉鎖的な専制国家というよりもむしろ自由主義国家アメリ力にはるかに近い国家となった[30]。このような国内構造により、リンケージによる拘束や、国家の枠を越えた相互作用、そして政治的な統合などが促進されていった。そしてこのような制約構造や半主権性の運用は、これまで専制政治や帝国主義がもたらしてきた破滅的な結果を何としてでも避けなければならないとする、強い国内世論のなかに結び付けられたのである[31]。

日本とドイツが、リアリズムのモデルにとって特異な国家である最も重要な点とは、日独両国が従来の大国的役割を果たしていないことである。日本とドイツは、自らの持つ潜在的なパワーと実際のパワーの行使との乖離、また外交政策の関心の広さと実際の政策遂行の水準の低さとの乖離により、限定的大国の地位にあると位置付けられる。日独両国は、アメリカや西側諸国の占領の産物として「平和憲法」を制定した。そのような日本国憲法とドイツ基本法のなかに規定されている外交政策の路線は、大国の地位や活動に要求されるものとは根本的に異なっている。なかでも最も重要なことは、日独両国の憲法や基本法が、両国に純然たる自衛的な軍事方針をとるよう規定していることである。このような自制の表れとして説得力を持つもののひとつに、過去半世紀のあいだに大国を規定する最大の軍事的手段であった核兵器の保有を、日独両国は自発的に放棄してきたことがあげられる。戦後の国際的な戦略環境により、日本とドイツは孤立へと回帰したり中立を維持することはできなかった。だがそのような日独の自衛的な軍事態勢は、自律的なものというよりも、むしろ多国間枠組みに密接かつ広範に埋め込まれたものであった。このように大国としての姿勢をはっきりと自制してきたことに加えて、日独の憲法・基本法は、国際平和の維持や国際制度の構築に向けて積極的な外交政策を強く推進するよう規定しているのである。

しかし、日本とドイツはともに半主権的な限定的大国であるとはいえ、日独両国のあいだには重要な違いがある。すなわち、それぞれが置かれた地域的はコンテクストに従って、両国はきわめて異なる制約や機会を負ってきたということだ。ドイツは、多くの国々と長いあいだ領土や国境をめぐって紛争を繰り広げてきたために、軍事的にも経済的にもはるかに徹底したかたちで自国を周辺国と結び付けることによって戦後は独自の役割を追求してきた。対照的に島国である日本は、戦後極東における唯一のリベラルなパワーであった。そのため、日本は日米同盟を通じて国際システムのなかの他の諸国との戦略的な結びつきを形成していった。さらに、リベラルな路線に沿って西側諸国によるドイツの再建がより徹底したものであったのに対し、アメリカは冷戦当初から日本の再編をあまり包括的なかたちにならぬようとどめる必要性があった。その影響もあって、ドイツの国内政治構造は、とくに経済的分野で国家の強い権力が残された日本と比べると、よりリベラルで分権化されたものとなったのである。全体として西側政治秩序へのドイツの統合は、多国間の経済および安全保障システムの両面で、日本と比べてはるかに徹底したものとなった。このような違いのひとつの表れが、ドイツの再軍備が日本のそれよりも広範なものとなったことである。なぜならドイツは、日本よりも西側秩序へとより徹底的に結び付けられていたためである。

半主権的な限定的大国としての日本とドイツの存在は、リアリズムの理論にとっては完全に変則的なものとなっている。だがこのような国々の特徴は偶発的なものではなく、西側政治秩序にとって必要不可欠なものである。広く知られているリアリズムの予測によれば日独両国は大国の地位へと回帰するとされているが、これは次のようなそれとは対立する理論と関連づけたかたちでその妥当性が問われている。すなわち、このようにリアリズムにとって特異なパターンが持続するならば、リアリズムの説明能力は損なわれるであろう。反対に、日独が通常のリアリズムのパターンに回帰するならば、西側政治秩序は持続しないであろう。また持続する場合は、構造的リベラリズム理論が問われてくることになるであろう。

経済的開放性

第四に、経済的開放性につながる資本主義経済や国際制度の広がりもまた、西側秩序の主な特徴のひとつであると広く認められている。この点についてネオリアリズムの理論は、西側の自由主義経済秩序に関する二つの有力な説明を提示している。ひとつはアメリカの覇権の役割を強調し、そしてもうひとつは二極構造下での西側同盟の役割を強調するものである。それに対してリベラリズムの説明では、先進工業国間の「埋め込まれた自由主義」の出現などの説明を提示している。だがこれらの理論は、このような重要な分析を提示しているもののいまだ不十分であり、自由主義経済秩序に関する次のような二つの重要な側面を見過ごしている。第一に、資本主義の発展にともない絶対利得が高く見込まれるようになると、国家は相対利得を追求する必要を避けるべく、国家間のアナーキーを緩和しようとすることである。第二に、自由主義諸国は政治的目的のために、経済的開放性を追求してきたことである。それらの諸国は、政治的および戦略的に友好関係にある国々の選好や特徴を変えたり維持したりする手段として、自由貿易を活用してきた。

西側秩序における開放経済の普及に関するリアリズムによる有力な説明のひとつが、覇権安定論である[32]。覇権安定論者の議論によれば、開放的な国際秩序とは、ある特定の一国にパワーが集中することによって形成され、維持される。覇権国はルールをつくってそれを実行し、基軸通貨を提供し、他国からの輸出を受け入れ、また他国も開かれた状態へと促すような動機や誘因を与える。覇権安定論者によれば、一九世紀の経済的開放性とはイギリスの覇権によって実現したのであり、またイギリスのパワーが二〇世紀初頭の数十年間で衰えていったときに、そのような開かれた通商システムは破綻を迎えたのである。そしてアメリカは、他国と比べてパワーの絶頂にあった第二次世界大戦後に、西側自由主義経済制度を構築するうえでリーダーシップを発揮し、その結果として後の時代の経済的開放性と高度成長を加速させたのである[33]。そのため覇権安定論者は、アメリカの相対的な経済的衰退こそがこれらの枠組みを弱体化させる恐れがあると主張している。冷戦における二極構造とアメリカの果たしてきたリーダーシップのために、アメリカの相対的衰退の影響はこれまで十分に示されてこなかったものの、冷戦後にはそのシステムが衰えてゆくだろうと予想されている。

またリアリズムの異なる議論によれば、自由貿易とは二極構造と西側の戦略的同盟関係の帰結としてもたらされたものと論じられている。[34] このような見方によれば、同盟関係にある国々は、同盟関係にない国々よりも相対利得を考慮することに関心が薄い。また同盟関係にある国々は、自由貿易の結果もたらされる経済発展のなかで起こる相対的変化にさほど影響を受けない。同様にこのようなリアリズムの理論によれば、軍事的同盟関係にある国々は、相手国から得られる相対利得を、同盟全体の強さを補完するものと見ている。したがってこのようなリアリストたちは、冷戦後の二極構造の衰退と戦略的同盟の持つ重要性の低下にともない、自由貿易秩序はより大きな危機に直面するようになるであろうと予測している。

他方でリベラリズムの理論もまた、開放経済の淵源について説得力のある議論を提示している。とくに「埋め込まれた自由主義」論によれば、二〇世紀の自由主義諸国は社会福祉と経済的安定という大いなる目標に向かって進んできた。またこれらの目標は、それらの諸国が対外経済政策を追求するうえで求められるものであり、これらの目標を実現するのにふさわしい国際環境を整備することが対外経済政策であった。[35] このような議論によれば、開放的な経済政策の優先順位とは、先進工業社会の国内構造のなかに位置付けられるものである。そのためこの理論に基づけば、西側の福祉国家が高い雇用と社会福祉の実現を目指した努力を続ける限り、自由主義的な対外経済政策を選択する結果になるだろうと予測している。[36]

以上のようなリアリズムとリベラリズムの議論は、重要な分析を含んでいるものの、他方で西側の経済的開放性の重要な二つの淵源を見落としている。ネオリアリストは、国家はアナーキー下では絶対利得よりも相対利得に関心を持つと主張している。そのため、国家は自らの相対的地位に影響を及ぼすという懸念から、経済的交流のもたらす絶対利得を追求することを避けようとすると論じている。(37) このような相対利得や絶対利得についての議論は、通常では、なぜ国家が経済的開放性を受け入れようとしないかという問題に対する有力な根拠と見られている。ところが実際には、むしろそれとは反対に、なぜ国家はアナーキーを緩和する手段をとろうとするかという問題に対して、説得力のある説明を提示しているのである。先進工業資本主義国の世界では、経済的開放性がもたらす絶対利得は膨大なものであるからこそ、国家はアナーキーを緩和する強い動機を持つのだ。なぜなら、国家は絶対利得を犠牲にしたうえで相対利得を考慮することに囚われる必要がなくなるためである。ネオリアリズムの議論の前提によれば、アナーキーに対してそれに唯一とって代わるものとはヒエラルキーであるが、実際には自由主義諸国はヒエラルキーを生み出すことなくアナーキーを緩和することができるような、相互拘束的な制度や取り決めを発展させてきたのである。そのような自由主義諸国が構築してきたさまざまな制度は、国家が相対利得を追求するためには絶対利得の追求を控えなければならないという行き詰まり状況を解決するメカニズムとして説明することができる。

さらに先進工業資本主義に関する次のような三つの特徴もまた、相対利得と絶対利得をめぐる政治にとって重要なインプリケーションを持つものである。第一に、現在の産業経済が高度に複雑であるという特徴を持っていることだ。すなわち、国家は特定の政策の相対利得の結果を計算しようとする場合、大きな不確実性に直面してしまう。また市場は非常に動きが激しく、そこには最先端で迅速な行動をとる、自律的な数多くの企業というアクターが存在する。そのため利得と損失の配分を予測することはきわめて困難である。第二に、先進工業資本主義における変化の度合いが非常に大きいため、相対利得と損失の配分は、国家間できわめて急激に変化する可能性が高い。したがって、たとえある国が特定の期間に損失を受けると予測しても、その後はまた異なる結果を受けるものと想定される(38)。最後に、現在の産業資本主義社会は多くの産業部門で構成されており、一国のそれぞれの産業部門は対外的な開放の結果、衰退するのもあれば成長するのもある可能性があるということだ。そのために、政府が全体の相対利得と損失を計算することが難しくなっている。このように社会が多くの産業部門で構成されているという特徴から、相対利得と損失のパターンはきわめて変化に富むものとなり、その結果いずれの国家においても全体にわたって利得または損失を受けるということは起こりにくくなっている(39)。

また、西側諸国が開放的な経済秩序を維持するための政治的な理由もある。それは、自由貿易によってリベラルな民主主義が広まり、またその度合いが高まってゆくからだ。自由貿易は資本主義の拡大を促進し、それによって他国の選好や性質をリベラルで民主主義的な方向に変える傾向がある。その結果、戦略的にも政治的にもより寛容なシステムが生み出されるのだ。たとえば大恐慌における世界経済の崩壊とそれが引き起こした政治的混乱は、一九三〇年代の民主主義やリベラリズムの後退、ファシスト国家や帝国主義国家の台頭、対立的な経済ブロックの出現、そして最終的には第二次世界大戦の一因となった。そのため戦後にリベラルな秩序の構築を主導した人びとは、このような混乱に対応するなかで、地域ブロックや通商上の争い、反リベラル的な政治体制、そして破滅的な帝国主義的対立などを回避するための戦略として、経済的開放性を取り入れるようになったのである。[40] またリベラルなシステムを構築したこれらの人びとにとって、自由主義諸国による世界は、アメリカの利益およびその民主主義や資本主義の持続とも、きわめて両立しやすいものと認識されていた。[41] 以上のような議論に基づくならば、リベラルな経済秩序とは二極構造やアメリカの覇権に拠って立つということが本質なのではなく、冷戦終結に影響されることが少ない独自の力強い基礎があるということを示唆しているのだ。

市民的アイデンティティ

西側の政治秩序に関する第五の側面は、共通の市民的アイデンティティだ。モンテスキューが「精神」と呼んだものは、数量化することは難しいものの、いかなる政治秩序にとっても重要な構成要素となっている。西側の「精神」とは、すなわち共通規範や公衆道徳、政治的アイデンティティなどであるが、これらは西側の政治秩序に結束と連帯をもたらしている。たとえば西側世界全体において、政治的民主主義や市場経済、他民族に対する寛容、個人の自由などを支持する圧倒的な意見の一致が存在する。また、かつてルイス・ハーツがアメリカ特有のものと定義付けた狭義の

「リベラル」な政治思想もまた、西側全体に一貫してみられるようになりつつある。[42] 一九三〇年代のヨーロッパは政治的な大きな亀裂が存在するという特徴を持っていたが、その後、西側諸国内の政治的慣行やアイデンティティが収斂していったことは重要なことであり、そのようになった原因や結果は説明を要するものであろう。

国際関係論におけるリアリズムのアプローチによれば、国家というユニットは独自の国家アイデンティティを持つものと想定されている。リアリストたちは、国家アイデンティティとは国家に正統性を付与し、外部の脅威に対して資源を動員するうえでの基礎として作用することを強調している。リアリズムにとっては、国家間での戦争の経験こそ、国家アイデンティティやそれへの忠誠の重要な源泉として作用するものである。なぜなら、ヒロイズムや戦場での犠牲、さらには敵対や勝利に関する集団的記憶を象徴するものとして、国家アイデンティティこそが最も影響力があり情緒に訴えるものだからだ。[43] また軍隊組織は個人を愛国心のもとで社会化する最も強力な手段のひとつであり、さらに退役軍人組織も国民国家の優越性を高めるうえで主要な利益集団となっている。リアリズムにとって以上のような社会化のプロセスとは、一方では国際的なアナーキーおよび国家間の戦争と、そして他方では国際システムのユニットとして広く行きわたっている国民国家とをつなぐ重要なものである。

しかしながらいかに持続的な政治秩序でも、コミュニティや共通のアイデンティティの実体的な概念なしには存在し得ない。その意味で政治的アイデンティティやコミュニティ、そして政治構造は、互いにそれを必要としている。また政治構造も、それが機能し持続するためには同様である。なぜなら政治構造は、正統性を付与するアイデンティティやコミュニティの形態とも合致するものだからだ。逆に言えば、構造や制度とは社会化や同化のプロセスを通じて、アイデンティティやコミュニティを形成・強化するものなのだ。だがネオリアリズムやネオリベラリズムの理論はともに、政治秩序に関するこれら重要な社会化の側面を見過ごしてきた。彼らは、アクターの選好を所与のものとしてとらえ、利益と構造とのあいだの相互作用のみ検証しているからだ。結果として彼らは、政治秩序に関してアイデンティティとコミュニティの側面を見落としている。すなわち、それらが持つ国家的な側面と、その代替案《オルターナティブ》である「リベラルで市民的」な側面の双方を見落としているのである。

西側政治秩序の重要な構成要素のひとつは、広く行きわたった市民的アイデンティティである。これは、国家や民族や宗教のアイデンティティとは異なるものだ。西側の市民的アイデンティティの中核にあるものは何かといえば、体系的な規範や理念に関する意見の一致である。そのなかでも最も重要なものは、政治的民主主義や立憲的統治、個人の権利、私有財産に基づく経済システム、市民的アイデンティティの領域にはない民族や宗教の多様性に対する容認などである。このように、西側に広く行きわたっている政治的アイデンティティとは、民族や宗教上の民間組織や半官組織とも共存するような抽象的あるいは法律的な権利および責任体系に基づくものである。国家間での戦争とナショナリズムとがそれぞれそれを互いに強めてゆくのと同じように、西側の市民的アイデンティティと政治構造や制度もまた、それぞれ互いを強めてゆくのである。

さらに西側共通の市民的アイデンティティは、資本主義およびそれに基づくビジネスや商品文化などにも密接に関係している。スーザン・ストレンジが論じるように、資本主義は独特の「ビジネス文化」を生み出してきた(44)。たとえば西側先進工業世界では、資本主義は市場合理性という文化をもたらし、これは西側の生活のあらゆる局面に浸透している。また、西側の産業資本主義世界での活発で膨大な市場取引を通じて、個人の行動から企業の慣行に至るまで特定の様式に収斂しようとする強い動機が働くようになった。このような収斂の大きな表れのひとつは、英語が共通言語として広範に用いられていることである。また同様に、西側の産業資本主義世界においてビジネス・スーツが普遍的に定着していることも、そのような共通のビジネス文化を示すものである。

西側秩序における文化的側面として、商品や消費習慣の共通性があげられる。西側先進工業世界において大量生産される市場製品は、日常のさまざまな場面で固有の普遍的な文化を生み出してきた。そのような西側の日常生活を象徴するのは、宗教や国家を表すものではなく、商業広告のイメージが中心となっている。たとえば良い暮らしについて普遍的に表象されるイメージとは、徹底して消費主義的なものである。このような大量販売や大量広告に要求される点として、いかに最も多くの買い手に届くかということに重点が置かれている。それは、アイデンティティの均質化につながったり、あるいは民族的・宗教的・人種的な特質にアイデンティティが分かれたりしてゆくことを抑えるのに役立っている。さらに西側の典型的なポップ・カルチャーには、大規模エンターテイメント、とくにテレビや映画や音楽やスポーツイベントなどがある。また人びとの収入の増加や低価格の交通費のおかげで、国際観光は大規模な現象となってきている。このような象徴的な大衆文化ならびに相互作用により、西側全体を通じて同じようなライフスタイルや価値を形成するという蓄積効果を生んでいるのである(45)。

そのほかに西側のアイデンティティの共通性を生み出すものとして、幅広いエリート同士の交流や教育交流などがあげられる。先進工業諸国には、学問的および職業的な専門性に基づいた国家を越えたネットワークが数多く存在する。また、低価格な航空輸送や電気通信技術により、そのような科学、技術、医学、芸術、スポーツそして公共政策などの分野のネットワークを通じて、頻繁に会議やイベントが開催され、西側世界全体にわたり参加を呼び込むことが可能となっている。さらには国際的な教育活動の規模が大幅に拡大していることも重要である。なかでも最も顕著なのは、エリート大学、とくに専門職大学院における研究機関が、しだいに脱国家的な特徴を持つようになってきていることである。これらの発展にともない、ビジネス、政治、文化およびその他専門分野のエリートは、同じような学歴を共有し、個人的な親交や連絡のための幅広いネットワークを持つようになった。以上のような国際的な均質化や相互作用の圧力が積み重なった影響から、しだいに共通のアイデンティティや文化が形成されてきたのである。それこそまさに、従来の国民国家のコミュニティ以上に、「われわれ」というアイデンティティがつくりあげる強い影響力を持つ概念なのである。

市民や資本主義のアイデンティティが強まるにつれて、反対に民族や国家のアイデンティティは衰えていった。西側という概念は国民国家によって構成されたものとして依然として慣習的に語られるものの、西側の人びとの政治的アイデンティティは、もはやナショナリズムだけを中心とするものではない。西側はナショナリズムや民族といった、西側という概念を運用するうえで不可欠ながらもリアリストに適切に認識されていない問題に対して、独自の回答を発展させてきたのである。また、西側の統合にはさらに二つの関連する特徴がある。第一に、民族や国家のアイデンティティは、なかば私的な特徴を持つほどにまで希薄なものとなっていることである。かつてコスモポリタンな啓蒙思想家が予期したほどには均質的なものではないにせよ、西側の人びとのアイデンティティは主として世俗的で近代的なものであった。そのため、民族や国家に忠誠を尽くしたり鋭敏な人びとをも数多く受け入れる余裕があった。だがそれらの人びとは、支配的な地位を占めることはなかった。第二に、寛容という価値が西側の政治文化にとって確固とした不可欠な要素となっている。この価値こそ、希薄となった差異が共存し、混ざり合い、相互交流をもたらすような高度に多元的な社会を受容し、さらには歓迎さえするのだ。このように、前近代的な非西側社会の持つ狂信的な愛国主義や偏狭主義とは異なり、寛容や多様性や無差別という価値が先進民主主義諸国に行きわたっている。

多くのリアリストは、ナショナリズムや民族のアイデンティティが、冷戦後に西ヨーロッパで再び広がり、対立を煽り、リベラルな民主主義社会を崩壊させるだろうと予測した。またバルカン半島や旧共産圏のいたるところで起こった民族紛争の憎悪が、ヨーロッパの過去の歴史における最悪の恐怖を呼び覚ました。とくにドイツなど西ヨーロッパにおける移民排斥運動の増加は、西側が民族紛争や国家の戦争の新たな広まりに対して免疫がないことを示すものである。このようなリベラルな多元主義に反対する人びとは声高ではあるものの、疎外され経済的に居場所を失ったごく少数の人びとなのだ。だがこれらの主張があろうと、彼らの自信が危機に陥っているという根拠にはならない。西側の精神とは、きわめて寛容で多様性を受け入れるものである。実際に外国人排斥運動や民族紛争は、明確に大きな非難へと帰結する。一九三〇年代という過去の水準と比較するならば、これらのエピソードはとるに足らないものであり、圧倒的多数の人びとはリベラルな市民による秩序を支えてきたことがわかる。

ネオリアリズムやネオリベラリズムのような主流の理論とは対照的に、アイデンティティやコミュニティはこのように政治秩序にとって重要な構成要素であることがわかる。アイデンティティとははじめからあるものでも変わらないものでもなく、社会的、経済的そして政治的な力が特定の歴史的文脈において作用した結果の産物である。リベラルな政治秩序は、独自のリベラルな市民的アイデンティティによって強固なものとなるのみならず、反対にそのような市民的アイデンティティを強固にするものでもある。また資本主義はリベラルな多国間制度によって実現しているのであって、その持続的な可能性や拡大は、ビジネスや商品、さらには国家の枠を越えた文化を支えている。同様に、反対にそのような文化もまた、これらの多国間制度を政治的に支えることで実現している。

相互拘束的な安全保障の取り決めが自由主義諸国間の平和を維持するうえでうまく機能していることも、政治的なコミュニティを強めている。なぜならそれは、それまで対立的な国家アイデンティティをかたちづくってきた戦争の記憶を、しだいに遠ざかる過去へと色褪せたものにするためである。冷戦における「自由世界」というアイデンティティの構築は、(二極構造が西側の制度発展に寄与したのと同じように) それら自由主義諸国間の政治的結束を促し、国際的対立の記憶を弱めるのに役立ってきた。そのため冷戦終結によってもなお、市民的アイデンティティの源泉が衰えてゆく可能性は少ないと信じるだけの理由が、たしかにあるのである。

おわりに

これまで見てきたように、国際関係理論に関する議論の主なインプリケーションとは、リアリズムの勢力均衡や覇権、主権、ナショナリズムなどの諸理論が必ずしもリベラルな国際秩序の中核的なダイナミクスを把握していない、ということである。このリベラルな国際秩序には、構造的リベラリズムを構成する五つの重要な固有の構成要素がある。それは、安全保障面での相互拘束、覇権の浸透、半主権的な限定的大国、経済的開放性、市民的アイデンティティやコミュニティ、である。リベラルな政治秩序の全体像とは、これらの構成要素が相互作用し、相互に強まるような、複合的な構造体である。言い換えればそれは、リベラルな政治秩序構造を形成するこれらの構成要素とその相互作用の集合体なのである。単なる部分の集合体よりもその全体像は巨大なものだ。そのためリベラルな秩序に関するいかなる理解も、このような構成要素をすべて考慮していない場合は、その構造的特徴をつかむことはできないであろう。

リアリストが指摘するように、アメリカの覇権や冷戦による二極均衡は、このような国際秩序をかたちづくり、その結束をもたらしてきた。だがアメリカの覇権とは浸透したものであるために、リアリストが論じる以上に相互的で互恵的なものとなっている。同様に、相互拘束的な制度や取り決めもまた、二極均衡から派生したものではなく、自由主義諸国間のアナーキーの問題への独自の回答となっている。全体的に、西側の民主主義的産業世界が示すものとは、このように従来の国内政治と国際政治のイメージのあいだに位置するような政治秩序のパターンなのである。こうして、世界政治のなかでも特異で独特なサブシステムが形成されたのだ。

このようなリベラルな秩序は、きわめて確固とした特徴を持っていると信ずべき十分な理由が確立されている。それにもかかわらず、リアリズムもリベラリズムもともにそのことをうまく把握していないという事実は、彼らの理論的限界を露呈するばかりか、このような国際システムを持続させるためのインプリケーションを理解していないという面でも問題をはらんでいる。たしかに冷戦という状況を理由として、学術的な国際関係理論の世界のみならず実際の政策論争や政策遂行においても、レアルポリティーク的なアプローチがリベラルなアプローチよりも脚光を浴びてきたことは理解し得る。このようなリアリズムの支配的地位は、それまでアメリカがとってきたよりプラグマティックでリベラルな国際問題へのアプローチを周縁に追いやり、それにとって代わるようになった。またリアリストは、リベラリズムを理想主義的またはユートピア的なものと特徴づけているが、これはリベラリズムの持つ「現実主義的な」知見を無視するものである。さらにこのことは、戦後秩序がウィルソン主義的な国際主義のみならず、戦間期の行き過ぎたリアリズム（その他にも経済ブロック、重商主義、ハイパー・ナショナリズム、帝国主義など）という戦前の挫折を克服するものとして構築されたことも無視している。しかし冷戦の終結とともに、リアリズムが国際問題に対する支配的なアプローチとして持続するか否かについては、真に重要な意味を持っている。というのもリアリズムは、西側政治秩序について限られた理解しかしておらず、またその秩序のもとで用いられるべき政策手段も提供できていないためである。リアリズムに基づく政策アジェンダもまた、自己実現のためのお題目となるだけであり、しだいに西側秩序を台無しにし得るものである。とくにそれらが日本とドイツを「普通の大国」へ回帰することを盛り込んでいる場合は、なおさらである。そのため冷戦終結にともない、西側秩序のもとで政策を立案するためには、構造的リベラリズムの理論と実践を取り戻すことが必要である。

リベラリズムの理論もまた、リベラルな国際システムを的確に把握してこなかった。多くのリベラルな論者が、世界的な視野で国連のようなグローバルな制度を構築することに囚われていたがゆえに、皮肉にも西側陣営内のリベラルな秩序の理解や構築から関心を逸らせてしまった。同様にリベラルな国際関係理論もまた、重要な歴史上の出来事に対して長い伝統の蓄積と知見が欠如しているために、西側秩序を理解するのにふさわしい位置付けを与えられていない。またリベラリズムの理論の分析概念が、構造よりも過程に、また「マクロ」よりも「ミクロ」に焦点が当てられていることも、リベラリズムが適切な理論的尺度ではないとする評価につながっている。さらにリベラリズムが、安全保障問題に関してはリアリズムに従い、「上位政治《ハイ・ポリティクス》」よりもむしろ「下位政治《ロー・ポリティクス》」に焦点が当てられていることも、その限界の一因となっている。リベラリズムの理論はきわめて多様な構成要素で成り立っており、「民主主義による平和」論のように、リベラルな国際秩序のさまざまな構成要素をとらえるものである。だがリベラリズムの理論は、その秩序特有の歴史や様式や構造については理解できていない。リベラルな国際サブシステムが繁栄し、世界システムにおいて中核となることを重視するならば、リベラルな国際関係理論は構造に焦点を合わせ直すことで、少なくともリアリズムと同等の重要性を主張することができるだろう。

一方で構造的リベラリズムが西側政治秩序のロジックをとらえる場合、それは西側諸国の連帯や結束や協調が、外部脅威の増減にかかわらず長続きすることを示唆している。ただ同時に、いかなる政治秩序も、全く自発的なかたちで出現することもなければ、その性質を的確に理解したうえで運用することなしに持続することはない。冷戦後の時代においては、二極構造がなくなりアメリカの覇権が衰退したことで、リベラルな秩序を支えてきた勢いが失われつつある。したがってこの秩序を支えるためには、どのようにすればより自ら意識して確固たるリベラルな国政術《ステートクラフト》を確立し得るのかについて検討する価値があるだろう。そしてそのようなリベラルな国政術の中心となる使命とは、リベラルな政治秩序を強化し、深化させ、体系化する役割を果たす理念と政策のアジェンダをかたちづくることなのである。

注

（1）Kenneth Waltz, *The Theory of International Politics* (Reading, Mass.: Addison-Wesley, 1979)（河野勝・岡垣知子訳『国際政治の理論』勁草書房、二〇一〇年）を参照。勢力均衡論に関するさらなる議論と論争については、Robert O. Keohane, ed., *Neorealism and Its Critics* (New York: Columbia University Press, 1986) を参照。

（2）John J. Mearsheimer, "Back to the Future: Instability of Europe after the Cold War," *International Security* 15 (Summer 1990): 5–57; Conor Cruise O'Brien, "The Future of the West," *The National Interest* 30 (Winter 1992/3): 3–10.

（3）Robert Gilpin, *War and Change in World Politics* (New York: Columbia University Press, 1981) を参照。

（4）G. John Ikenberry, "Liberal Hegemony: The Logic and Future of America's Postwar Order," in John A. Hall and T. V. Paul, eds., *International Order and the Future of World Politics* (Cambridge: Cambridge University Press, 1999) および Ikenberry, "Rethinking the Origins of American Hegemony," *Political Science Quarterly* 194 (Fall 1989) 375–400（本書第1章「アメリカ覇権の起源を再考する」）。

（5）リベラリズムの理論に関する概説については、Mark W. Zacher and Richard A. Matthew,

"Liberal International Theory: Common Threads, Divergent Strands," in Charles W. Kegley, Jr., ed., *Controversies in International Relations Theory: Realism and the Neoliberal Challenge* (New York: St. Martin's Press, 1995) を参照。

(6) Waltz, *Theory of International Politics* (河野・岡垣訳『国際政治の理論』) および Stephen Walt, *The Origins of Alliances* (Ithaca, NY: Cornell University Press, 1987).

(7) Daniel Deudney, "The Philadelphian System: Sovereignty, Arms Control, and Balance of Power in the American States-Union, 1787–1861," *International Organization* 49: 2 (Spring 1995) および Deudney, "Binding Sovereigns: Authority, Structure, and Geopolitics in Philadelphian Systems," in Thomas Biersteiker and Cynthia Weber, eds., *State Sovereignty as Social Construct* (New York: Cambridge University Press, 1996) を参照。

(8) Thomas J. Knock, *To End All Wars: Woodrow Wilson and the Quest for a New World Order* (New York: Oxford University Press, 1992) を参照。

(9) Mary Hampton, "NATO at the Creation: US Foreign Policy, West Germany and the Wilsonian Impulse," *Security Studies* 4: 3 (Spring 1995): 616–56; Geir Lundestadt, *The American "Empire"* (Oxford: Oxford University Press, 1990); David P. Calleo, *Beyond American Hegemony: The Future of the Western Alliance* (New York: Basic Books, 1988), ch. 1.

(10) John Duffield, *Power Rules* (Stanford, Calif.: Stanford University Press, 1995).

(11) Michael Hogan, *The Marshall Plan: America, Britain, and the Reconstruction of Western Europe, 1947–1952* (New York: Cambridge University Press, 1987).

(12)　Alberta Sbragia, "Thinking about European Future: The Use of Comparison," in Sbragia, ed., *Euro-Politics: Institutions and Policymaking in the "New" European Community* (Washington, DC: Brookings, 1992).

(13)　Gilpin, *War and Change in World Politics*. また、Gilpin, *The Political Economy of International Relations* (Princeton, NJ: Princeton University Press, 1987), esp. 72–80（佐藤誠三郎・竹内透監修、大蔵省世界システム研究会訳『世界システムの政治経済学——国際関係の新段階』東洋経済新報社、一九九〇年）も参照。

(14)　従属国がアメリカの覇権に対して均衡しようとするとのリアリズムの議論については、Christopher Layne, "The Unipolar Illusion," *International Security* 17: 4 (Spring 1993) を参照。

(15)　リアリストのなかには、アメリカが外交政策を形成し遂行するうえで中心的・自立的な能力に欠けていると批判する者もいる。だがそのような特徴が欠如していたからこそ、まさに相互的かつ合意に基づくかたちでアメリカはパワーを行使できたのである。

(16)　Geir Lundestad, "Empire by Invitation? The United States and Western Europe, 1945–1952," in Charles Maier, ed., *The Cold War in Europe: Era of a Divided Continent* (New York: Wiener, 1991), pp. 143–68.

(17)　日本の自由主義の持つ不完全な性質や、脱国家的な影響力が日本の政策過程に影響を及ぼす難しさにかんがみれば、日本が覇権を有した場合、それはより多くの抵抗を受け、より強制的なものとなるであろう。

(18)　このようなアメリカの国家の特徴は、多くの学者が説明している。David B. Truman, *The*

Governmental Process (New York: Alfred Knopf, 1952); Robert A. Dahl, *Who Governs?* (New Haven, Conn.: Yale University Press, 1961)（河村望・高橋和宏監訳『統治するのはだれか――アメリカの一都市における民主主義と権力』行人社、一九八八年）; Theodore J. Lowi, *The End of Liberalism: Ideology, Policy, and the Crisis of Public Authority* (New York: Norton, 1969)（村松岐夫監訳『自由主義の終焉――現代政府の問題性』木鐸社、一九八一年）.

（19） Samuel P. Huntington, "Transnational Organizations in World Politics," *World Politics* 25 (April 1973); Robert Gilpin, *US Power and the Multinational Corporation* (New York: Basic Books, 1975)（山崎清訳『多国籍企業没落論――アメリカの世紀は終わったか』ダイヤモンド社、一九七七年）を参照。

（20） たとえば、Wolfgang Handreider, "Dissolving International Politics: Reflections on the Nation-State," *American Political Science Review* 72: 4 (1978): 1276–87; James Rosenau, "The State in an Era of Cascading Politics: Wavering Concept, Widening Competence, Withering Colossus?" in James Caporaso, ed., *The Elusive State: International and Comparative Perspectives* (Newbury Park, Calif.: Sage, 1989), pp. 17–48を参照。

（21） その例外としては、Susan Strange, "Toward a Theory of Transnational Empire," in Ernst-Otto Czempiel and James N. Rosenau, eds., *Global Changes and Theoretical Challenges: Approaches to World Politics for the 1990s* (Lexington, Mass.: Lexington Books, 1989), pp. 161–76を参照。

（22） 国内構造と脱国家的関係の関連性については、Thomas Risse-Kappen, ed., *Bringing Trans-*

national Relations Back In: Non-State Actors, Domestic Structures and International Institutions (New York: Cambridge University Press, 1995) を参照。

(23) G. John Ikenberry and Charles Kupchan, "Socialization and Hegemonic Power," *International Organization* 44: 3 (Summer 1990): 285–315 (本書第2章「社会化と覇権的パワー」を参照。

(24) Peter J. Katzenstein and Yutaka Tsujinaka, "'Bullying,' 'Buying,' and 'Binding': US-Japanese Transnational Relations and Domestic Structure," in Risse-Kappen, ed., *Bringing Transnational Relations Back In*, pp. 79–111 を参照。

(25) Pat Choate, *Agents of Influence: How Japan Manipulates America's Political and Economic System* (New York: Touchstone Books, 1990).

(26) Michael Ross Fowler and Julie Marie Bunck, *Law, Power, and the Sovereign State: The Evolution and Application of the Concept of Sovereignty* (University Park, Penn.: Penn State University Press, 1995) を参照。

(27) Hedley Bull, *The Anarchical Society* (New York: Columbia University Press, 1997) (臼杵英一訳『国際社会論——アナーキカル・ソサイエティ』岩波書店、二〇〇〇年); Barry Buzan, "From International System to International Society: Structural Realism and Regime Theory meet the English School," *International Organization* 47: 3 (Summer 1993): 327–52 を参照。

(28) Leopold von Ranke, "The Great Powers," in Theodore von Laue, ed., *The Writings of Leopold von Ranke* (Princeton: Princeton University Press, 1963); Jack Levy, *War in the Mod-*

ern Great Power System, 1495–1975（Lexington: The University Press of Kentucky, 1983）; and Martin Wight, *Power Politics*, edited by Hedley Bull and Carsten Holbraad（Manchester: Manchester University Press, 1978）を参照。

（29）Peter J. Katzenstein, *Policy and Politics in West Germany: The Growth of a Semi-Sovereign State*（Philadelphia: Temple University Press, 1987）を参照。

（30）戦後日独の政治制度の自由主義化に向けたアメリカと西側の取り組みについては、John Montgomery, *Forced to Be Free: The Artificial Revolution in Germany and Japan*（Chicago: University of Chicago Press, 1957）; Robert E. Ward and Sakamoto Yoshikazu, eds., *Democratizing Japan: The Allied Occupation*（University of Hawaii Press, 1987）（坂本義和、R・E・ウォード編『日本占領の研究』東京大学出版会、一九八七年）; Tony Smith, *America's Mission: The United States and the Worldwide Struggle for Democracy in the Twentieth Century*（Princeton, NJ: Princeton University Press, 1994), ch. 6 を参照。

（31）Ian Buruma, *The Wages of Guilt: Memories of War in Germany and Japan*（New York: Meridian, 1995）を参照。

（32）Robert Gilpin, "The Politics of Transnational Economic Relations," *International Organization* 25（Summer 1971）; Charles P. Kindleberger, *The World in Depression*（Berkeley, Calif.: University of California Press, 1973)（石崎昭彦・木村一朗訳『大不況下の世界――１９２９―１９３９』東京大学出版会、一九八二年）; Stephen Krasner, "State Power and the Structure of International Trade," *World Politics* 28（April 1976）: 317–47.

(33) Gilpin, "Economic Interdependence and National Security in Historical Perspective," in Klaus Knorr and Frank Trager, eds., *Economic Issues and National Security* (Lawrence, Kan.: Regents Press of Kansas, 1977), pp. 19–66 を参照。

(34) これについては多様な議論があるが、Joanne Gowa, *Allies, Adversaries, and International Trade* (Princeton, NJ: Princeton University Press, 1994); Edward D. Mansfield, *Power, Trade, and War* (Princeton, NJ: Princeton University Press, 1994) を参照。

(35) John Gerard Ruggie, "International Regimes, Transactions, and Change: Embedded Liberalism in the Postwar Economic Order," in Stephen D. Krasner, ed., *International Regimes* (Ithaca, NY: Cornell University Press, 1983) を参照。

(36) だが反対に、国家が福祉国家としての取り組みを放棄する場合は、このような自由主義的経済システムを支えるための動機が失われてゆくであろう。あるいは国際経済の構造改革も、国内福祉の取り組みと合わなくなってくるであろう。そのような場合、国家は開放的な対外経済政策を追求することも控えてゆくであろう。いずれの場合も、リベラルな秩序は「埋め込まれなく (disembedded)」なってしまい、確固としたものではなくなるであろう。

(37) この論理に関する体系的な議論については、Joseph Grieco, "Anarchy and the Limits of Cooperation: A Realist Critique of Neoliberal Institutionalism, *International Organization* 42 (1988): 485–507 を参照。

(38) このような現象のひとつの事例が、ハイテク産業分野である。一九八〇年代後半では日独が多くの分野でアメリカをリードしていたが、最近ではこのパターンは逆転している。

（39）これはスナイダルによる議論を応用したものである。スナイダルは、複数のアクター（この場合は国家よりもむしろ産業部門や企業）によって相対利得の単純計算は複雑なものとなり、そのために政策に及ぼす影響力が緩和されると論じている。Duncan Snidal, "International Cooperation Among Relative Gain Maximizers," *International Studies Quarterly* 35: 4 (December 1991): 387–402を参照。また以下でも、産業部門に焦点を当てた研究が、複合的な結果を導き出している。Michael Mastanduno, "Do Relative Gains Matter? America's Response to Japanese Industrial Policy," *International Security* 16 (Summer 1991): 73–113.

（40）Robert Pollard, *Economic Security and the Origins of the Cold War, 1945–1950* (New York: Columbia University Press, 1985) を参照。

（41）Ikenberry, "Liberal Hegemony" を参照。

（42）Louis Hartz, *The Liberal Tradition in America* (New York: Harcourt Brace, 1955)（有賀貞訳『アメリカ自由主義の伝統』講談社学術文庫、一九九四年）.

（43）George Mosse, *The Nationalization of the Masses* (Ithaca, NY: Cornell University Press, 1991).

（44）Susan Strange, *States and Markets* (New York: Blackwell, 1988)（西川潤・佐藤元彦訳『国際政治経済学入門――国家と市場』東洋経済新報社、一九九四年）を参照。

（45）グローバル文化の形成に関する分析については、Mike Featherstone, ed., *Global Culture* (Newbury Park: Sage, 1990) を参照。

第4章　国際関係論におけるコンスティテューショナリズム

はじめに

広く認められているように、国内政治と国際政治とはきわめて異なるタイプの秩序に根差している。国内政治が、共通のアイデンティティや安定した制度、そして正統性を持った権力が重要となる領域であるのに対し、国際政治は最近あるリアリズムの学者が例えたように、「国家が互いに相手の弱みにつけ込む機会を求め、互いを信用すべき理性の欠如した野蛮な舞台」である(Mearsheimer 1994/5: 9)。このような二つの領域では、最も影響力を持つ国際政治学の理論によれば、根本的に異なる構造をともなっている。ひとつはヒエラルキーに基づくものであり、もうひとつはアナーキーに基づくものである（Waltz 1979)。

だがこのような代表的なリアリズムの分析は、深刻な欠陥を抱えている。なぜなら国内政治と国際政治の秩序は、どちらもさまざまな異なるかたちをとり得るからである。国内政治も、国によってはきわめて冷酷で強制的なものとなり、他方で国際政治も分野によっては合意に基づいて制度化されたものとなる場合がある。事実、最も有用な分析によれば、国内政治と国際政治という二つの領域はともに、秩序を形成し維持するうえで似たような問題に直面し、また出現する解決策もきわめて似ていることが多い[1]。

このような国内秩序と国際秩序の類似性は、政治秩序を根本から作り変えることになるような歴史的局面において最もよく見られる。国内においては、それは独立や革命や内戦の後のような「建国期」に起こる傾向がある。このような局面では、「建国者」らは国の理念や法律を定めたり、その政体を樹立する基礎となる恒久的な理念を確立したりしようとする。そのために、憲法や基本法が、パワーの行使や政治の領域の基本的境界を設定するためにつくられる。その意味で秩序形成とは、実質的には、「憲法制定《コンスティテューション・ビルディング》」のかたちをとるものである。

他方で国際的には、このような局面は大規模な戦争の後に起こる傾向がある。なぜなら指導的な大国が秩序を作り直そうとするからである。ある歴史家によれば、一六四八年のウェストファリア条約は、ヨーロッパ内で確立した初めての「国際的な憲法とほぼ言い得るものであり、それによりすべての締約国はその取り組みを実施するための介入の権限が付与されたのである」(Hill 1925:

602)。またゴードン・クレイグとアレキサンダー・ジョージは、一八一五年のウィーン会議が、実質的には大国間関係のための「憲法《コンスティテューション》」を制定する取り組みであったと論じている（Craig and George 1983: 31)。そして一九一九年のヴェルサイユ条約は、ウッドロー・ウィルソンをはじめ多くの人びとにとって、国家間の立憲的《コンスティテューショナル》な秩序をめぐる合意と見られていた。さらに第二次世界大戦後の戦後構築は、いろいろな制度や合意にまたがっているものの、高度に制度化された安全保障や政治や経済の秩序が出現し、その意味で立憲型の戦後構築という様相も帯びていたのである。たしかに、国際関係において憲法のようなものはない。だが国家が国際関係を再構築し、拘束力を持つ原則や制度をつくりあげようとした場面は、たしかに存在する。

　大規模な戦争に勝利した国家は、国内政治における内戦や独立の後の新たな支配層エリートと同様に、一連の選択を迫られる。そのような国家は桁外れのパワーを持ちながらも、彼らが活動する舞台となる政治秩序はまだかたちも定まっておらず、確固としたものでもない。国内政治における支配層エリートのように、戦後の大国には選択がつきまとう。たとえばそのような大国は、利益配分をめぐる争いに勝つために、資源を動員する能力を活用することもできる。あるいはその反対に、その国のパワーの相対的地位がゆくゆくは衰えて、秩序内で自らのやり方を通すにはコストがかかることを認識し、立憲的な戦後構築の方向へ向かうこともできる。このような状況では、指導的な大国には自らのパワーを自制することを受け入れようとする誘因がある。すなわち、従属国が黙って従いながら戦後秩序に従属的に参加することと引き換えに、大国も自らを立憲的な秩序のなかに組み込むというものである。国内政治と国際政治のいずれも、新たなパワー・ブロックが形成される場合、すなわち秩序の基本的性格が変容しつつある戦略的環境において高度に非対称的なパワーの関係が存在する場合は、立憲主義《コンスティテューショナリズム》のロジックがつねに重要な意味を持つ。

基本的に、立憲的秩序とは、政治における「勝利」の持つ意味を抑えるものである。ある当事者や国家が、たとえば選挙で勝利したり、経済交流から過度に利益を得たりするなど、特定の場面で利益を得る場合に、そのような当事者や国家ができることに対して制限をかける。言い換えれば、コンスティテューションによって、パワーに還元される利益を制約する。すなわち、アクターが一時的な優位においてできることに対し、制限をかけるのである。また敗者も、自らの敗北があくまでも限定的なものであり、一時的なものであることを理解する。すなわち、自らの敗北がすべてを脅かすものではなく、また勝者に永続的な利益を与えるわけでもないことを受け入れるのである。

本章は、以下のような四つの議論を提示するものである。第一に、国際秩序の性質を最もよく把握することができるのは、大規模な戦争の後である。旧秩序が解体し、新たにパワーを持つ国家が出現しながらも、ルールや秩序構造がかたちをともなっていない。このような局面では、新たにパワーを持つ国家は、持続的で正統性のある秩序を構築しようとする誘因を持つ。それによって、よりパワーの小さな国家がそのような秩序を自発的に受け入れ、参加することを確実にするのである。そのためには、指導的な大国は戦略的な抑制を行わなければならない。すなわち、よりパワーの小さな国家に対して、国家のパワーを専制的に行使することには制限や制約があることを認めねばならないのである。従属国がそのような秩序に従い参加するかについては、新たにパワーを持った国家が、従属国の抱く支配や見捨てられる不安を解決できるかどうかにかかっている。

第二に、一八一五年以後、（ナポレオン戦争後のイギリスや二度の世界大戦のあとのアメリカのような）戦後の指導的な大国は、パワーを抑制し、支配されたり見捨てられることに対する不安を克服するために、しだいに広範で洗練されたかたちで相互拘束的な制度を取り入れてきた。戦後秩序が立憲的な性格を持ち続けてきたのは、このような相互拘束的な制度があったからである。そのための基本となる立憲的な取引は、いたってシンプルなものである。それは、パワーの小さな国家が秩序に従い参加することと引き換えに、大国は自らが相互拘束的な制度に組み込まれることを受け入れる、というものである。言い換えれば、従属的な国家が秩序に自発的に参加するのを受け入れることと引き換えに、指導的な大国もまた自らのパワーに対して制約をかけることを受け入れる。すなわち、体系的なルールや原則に従って制度化された政治プロセスのなかで行動することを受け入れるのである。

第三に、立憲的な戦後構築へと向かう誘因は、とりわけ指導的な大国などそこに関係する諸国の国内体制の性質に結び付いている。従属国は、指導的な大国が合意から離脱したり、よりパワーの小さな国家を搾取または支配したりすることはないという信頼し得る確証がなければ、立憲的な取り決めを結ぶのに消極的になる。また、そのような取り決めを結ぶ締約国の国内構造も重要である。なぜなら、国内に同じような政体を持つ国々は、異なる政体を持つ国々と比べて、より確実に保証を与えることができるからである。さらに重要なことに、民主主義諸国は非民主主義諸国に比べて、相互拘束的な制度に参加し、それにより戦後構築に加わる予定の国々を安心させることにより積極的であり、またそれが可能である。民主主義の政体は、互いを安心させ、支配されることや見捨てられることに対する不安を克服し得るうえで優れた能力を持っている。

第四に秩序の崩壊は、その後の立憲政治の引き金になるという意味でそれ自体重要である。コンスティテューションとは、政治秩序の問題に対する「解決手段の集合体」であり、時に応じて実際に適用することができる。事実、政治的アクターにとってつねに簡単に適用できるものではないがゆえに、コンスティテューションとはまさに「解決手段の集合体」なのである。この意味で、政治秩序の根本的崩壊が必要条件となるように思われる。そのような局面では、代替的《オルターナティブ》な政治秩序が出現するだけではなく、政治秩序そのものがなくなってしまう可能性もある。同時に、さまざまな状況的要因もまた、立憲的な戦後構築が出現するかどうか、あるいはどのように出現するのかを決めるうえで重要である。なかでも最も重要なものは、「歴史的な転換点」の性質、すなわち旧秩序の崩壊の度合いや、指導的な大国による「勝利」の性質、戦勝国へのパワーの集中や、さらには戦後構築に関係する国々が受け入れた理念や教訓などに関するものである。

本章の議論は以下の四つの順に沿って進めてゆく。第一に、戦後構築の歴史的局面に関連するパターンや問題を提示する。第二に、国際関係における立憲的秩序構築のモデルを提示し、それを方向づけて制約するような誘因や条件を詳述する。第三に、国家が信頼性のあるコミットメントを他国に伝えることができるような、国内構造の諸条件について論じる。最後に、国際関係におけるコンスティテューショナリズムの重要性を検証することができるような、歴史的な事例やエピソードについて論じる。

戦後構築と秩序の問題

国際関係における秩序形成は、典型的には大規模な戦争のあとのような、劇的で歴史的にもまれな局面で起こる傾向にある。このようなシステムにおける変化とは、新たにパワーを持つ国や覇権国の利益に合うように現行のルールや制度が作り直される局面のことであり、ロバート・ギルピンが「システム全体の変化」と称するものである。(2) 国際秩序が形成される変則的で歴史的にまれなパターンは、それ自体変化の性質に関する重要な示唆を持つものである。ピーター・カッツェンスタインが論じるように、歴史とは「変則的なビッグバンの連続」(Katzenstein 1989: 296) である。国家間関係における戦争・解体・そして再建の重要性は、そのような国際的な変化の中心的側面を物語っている。歴史とは、世界政治の再編という、ごくまれに起こる断絶によって特徴づけられるのである。

主要な戦後構築とは、一六四八年のウェストファリア、一七一二年のユトレヒト、一八一五年のウィーンなどのように、みな歴史的なビッグバンであった。第一次世界大戦後には、新たな国際秩序を構築すべく劇的で多様な取り組みが行われたものの、苦い失敗に終わった。アメリカは広範囲に及ぶさまざまな提案を提示していたが、アメリカ政府の指導者らは合意を批准するのに十分な国内の支持を生み出すことができなかった。第二次世界大戦後にはそれ以前の失敗を大いに意識しつつ、戦後秩序を構築する野心的な試みが再びなされ、最終的には成功を収める合意ができあがった。世界経済を再び開放的なものにし、先進民主主義諸国を安全保障同盟に結び付ける役割を果たすような制度が構築されたのである。

国際関係における秩序構築の政治を、国内システムにおける秩序構築の政治と共通する特徴を持つものとして類推することは、有意義なことである。なぜなら大規模な戦後構築には、国内の秩序構築にも通じるものがあるからである。国内の秩序構築も、社会革命や内戦や国家の独立などのような国内政治の激動の後に続いて起こるものである。そのため、新たな「システムとしての秩序」が、強制に基づいた秩序すなわち単なるパワーの行使の結果によるものではない場合、いかにして基本となるルールや制度が最小限の正統性や相互の合意に基づいて構築されるのかを理解する必要がある。

一六四八年、一七一二年、一八一五年、一九一九年、そして一九四五年の戦後構築はすべて、秩序を再構築した主な局面であった。だがそこで生み出された秩序において特有の性質は、何世紀にもわたって発展してきた(3)。それにともない、戦後構築はしだいに規模の面においてグローバルなものになってきた。ウェストファリアは主に大陸ヨーロッパの戦後構築であったのに対し、ユトレヒトはヨーロッパの国家システムの形成に対するイギリスの関与の始まりを見るものであった。二〇世紀においては、戦後構築は真の意味でグローバルなものとなった。講和条約もまた、その規模や範囲の面で大きくなっていった。それらは安全保障や領土、経済、その他実務上の争点に関してますます大きな領域を取り扱うものとなった。その結果行われた戦後構築もまた、しだいに介入主義的なものとなった。それらは、敗戦国の国内構造や行政に対するより大きな関与を必然的にともない、一九四五年の日本とドイツの占領と再建で最高潮に達したのである（Opie et al. 1951: 2–5）。

戦後構築はまた、指導的な大国が秩序形成に影響を及ぼすために用いる概念やメカニズムの点でも発展を遂げた。それぞれの戦後の分岐点において、指導的な大国は秩序の問題に対して独自の解決策を提示してきた。それにともなって、そのような概念やメカニズムの発展は、ある意味で単純なものから複合的なものとなった。ウェストファリア条約は、自治権と相互承認を中心に形成され、それは国家主権という規範の公式化ともいうべきものであった。ウィーン会議では、均衡および大国による秩序維持という概念がユトレヒトのときよりもより洗練されたものとなった。同様に、ヴェルサイユや第二次世界大戦後では、秩序概念がよりいっそう発展し、しだいに多国間制度や国際経済の共同管理、広範で体系的な社会経済の目標の追求などの役割を強調するものとなった。そのなかでも最も重要なことは、戦後構築がしだいに協調を制度化しようとしていることであった。それは、互いの国家を相互に制約する制度に結び付けることにより、国家の自立性を高めたり勢力均衡を再構築する以上のレベルを達成するためであった。これらの相互拘束的な制度の発展にともない、戦後構築はしだいに憲法のような秩序に近いものになってきたのである。そしてなぜそうなっているのかということこそが、まさに理論的にも歴史的にも大きく問われているのである。

コンスティテューショナリズムのロジック

大規模な戦争の後に戦勝国が直面する最も重要なことは、正統性と持続性のある戦後秩序を構築することである。つまり、指導的な大国には、戦後自らに有利なパワーの地位を持続的な政治秩序へと転換し、その秩序のもとでほかの国々を従属させようとする誘因がある。正統性のある秩序を実現することは、政治秩序の基本となるルールや原則に関して関係国のあいだで合意を確保することを意味する。正統性のある政治秩序は、国家が自ら進んで参加し、システムの全体的な方向性に同意するものである。そのような国家はルールや原則を望ましいものとして受け入れ、自らのものとして取り入れるため、それらに従うのである。(4)

このように正統性のある秩序を構築しようとする誘因があってこそ、立憲的な政治秩序へ向かう動きは、魅力的なものとなるのである。立憲的な政治秩序には三つの基本的特徴がある。(5)第一に、秩序の基本となる原則やルールをめぐって共通の合意が存在する。秩序への参加や同意とは、基本となる原則に対するこのような共通の合意に基づくものである。言い換えれば、「ゲームのルール」がその政治秩序内においてどのようなものとなるかについて、理解の一致があるのだ。またこれらの「ゲームのルール」は、安定した非強制的な秩序、すなわち秩序に参加している国々が今後も続くと期待している現行の政治秩序の運用に寄与する。このことについても理解の一致が存在する。(6)また秩序に参加する国々は、自らの利益を追求するものの、それは合意されたルールや制度の範囲内で行われる。

第二に、拘束力や権威をもってパワーの行使に対して制限をかけるべく、ルールや制度が確立される。抑制されないパワーは、立憲的な政体下では統治しない。その意味で、憲法とは政治に対する法的な制約の一形態であり、権利や保護や基本的なルールを規定する原則を宣言したものとして明確なものである。パワーに対する制約もまた、権力分立や抑制と均衡といった制度上の手段や手続きを通じて保証されたものである。その結果、パワーを有する者は、制度化された政治プロセスのなかで自らのパワーを行使しなければならないのである。政治秩序のルールや制度とは、パワーを有する者にとってはかなりの程度、裁量の効かないものである。そのようなルールや制度の設計や構築、さらには規律ある特性を通じて、パワーに対する制約が確立されるのである。

最後に、立憲的秩序のもとでは、これらのルールや制度はより広範な政治システムのなかで根本的に確立され、容易には変更されないようになっている。コンスティテューションをめぐる争いが起こるのはごくまれであり、いったんその争いが解決されれば、これらのルールや制度の持つ諸条件の範囲内で政治が行われることが期待されている。またその期待とは、歴史的にごくまれな分岐点において生じる立憲的な変革や戦後構築に関するものも含まれる。たとえば、政治的な危機によって社会のなかで争いや論争が引き起こされ、その後に体系的な立憲的原則やルールが具体化される。そして次のコンスティテューションが確立されるまで、このような新たな立憲的枠組みのもとで日々の政治が行われる(7)。言い換えれば、コンスティテューションやそれをめぐる変革に関する議論には、政治的な「経路依存型」の考えが存在する(8)。

最も重要なことは、立憲的な合意が国際関係における「勝利」の持つ意味を抑制することである。それには二つのやり方がある。第一に、そのような合意は、国家が秩序のもとで過度に利得を得た場合、その利得の扱いに対して制限をかける。このような制度的合意は、不公平な利得の利害関係を抑える働きをする。第二に、コンスティテューションは「パワーに還元される利益」を抑える働きをする。すなわち、国家が短期的な利得を長期的なパワーの優位に変える可能性を抑えるのである（Przeworski 1991: 36）。いずれのやり方でも、コンスティテューションは国家の一時的な利益の取り扱いに対して制限をかける。また敗者も、自らの敗北が限定されたものであり、一時的なものであると理解する。すなわち、自らの敗北を受け入れることはすべてを脅かすものではなく、また勝者に永続的な利益を与えるものでもないことを理解するのである(9)。

戦略的な抑制とパワーの温存

なぜ大規模な戦争の後に、支配的なパワーを持つ地位にある国家は、立憲的な戦後構築を保証することを求めるのか。これについてはさまざまな理由があるが、基本的な誘因はきわめてシンプルである。戦勝国は自らのパワーを温存することに利益があるためだ。指導的な大国は、自らの特権的な戦後の地位を活かし、正統性や持続性のある体系的なルールや制度を確立しようとする。なぜならそれらのルールや制度が、将来にわたって自らの利益を維持し拡大してゆくためである。その意味で指導的な大国は、戦略的な抑制に努めているのである。すなわち、従属国は原則や制度上のプロセスに同意し、それらに黙って従い順守することを受け入れる。それと引き換えに、指導的な大国もまた、自らに好都合な結果を押し付けるために自らのパワーの持つ非対称的な地位を利用するといった、一方的な裁量を部分的に放棄するのである。

立憲的な戦後構築は、以下の二つの方法でパワーを温存することができる。第一に、立憲的秩序に対して「制度的な投資」を行う動機があげられる。すなわち指導的な大国は、一時的に優位な地位を活かして、何年も経ってから自らのパワーの持つ地位が相対的に衰えたとしても、自らの利益に資するようなルールや制度を構築することができる。そのため指導的な大国は、将来にわたって自らの利益を保護するような、持続的で予測可能な政治秩序を構築する。それと引き換えに、たとえ具体的な利益を確保するために大国の能力を行使できる場合であっても、自らの裁量や自主性を部分的に放棄するのである。

このような立憲的秩序に対して「制度的な投資」を行う動機は、いくつかの前提に基づいている。第一に、戦勝国のパワーの持つ地位は、いずれ中・長期的には相対的に低下するものと想定されている。指導的な大国は、戦後自らのパワーをどのように活用するか選択するにつれて、自らの支配的な地位が永続するものではないことを理解する。そのため、それ以外の条件はすべて同じでも、将来においては現在において以上により制約され低下した地位にいるのである。[10] 第二に、戦後の指導的な大国が、自らの大国としての能力を活用する場合、それは具体的な利益配分の争いにおいて一時的な利益を得るためか、あるいは将来にわたって持続する制度に投資するためかを選ぶことができる。[11] このことは、それらの選択肢のあいだにはトレードオフが存在し、それぞれの選択肢が指導的な大国に対して短期的および長期的に異なる利回りをもたらすことを示唆している。[12] 最後に、ルールや制度とは粘着的なもののため、制度構築は投資というかたちで行われる。制度を構築した国家が衰退しても、国家のパワーや利益に実質的な変化がなければ、戦後制度は持続し、国家行動を方向づけて制約し続ける可能性が高いのである。[13]

第二に、立憲的な戦後構築は、システム内での秩序を維持するための政策実施上のコストを下げることにより、パワーを温存する。具体的な利益を確保したり、紛争を絶え間なく解決したりするために、つねに大国の能力を行使する。すなわち強制や誘導に訴えることは、大きなコストがかかる（Ikenberry and Kupchan 1990）。それに対して、従属国が自らの責任で秩序のルールや原則を受け入れるような秩序を構築すれば、長期的に見ればよりコストはかからなくなる。すなわち強制や誘導を通じて他国の行動を直接方向づけるよりも、むしろ原則やルールによって他国の利益や方針を方向づけるほうが、長期的にははるかに効果を持つのである。[14]

このように指導的な大国は、よりパワーの小さな国家に対してシステムに参加することへの利益を与え、それらの国々の全般的支持を得ることによって、立憲的秩序における政策実施上のコストを下げることができる。この点についてリサ・マーティンは次のように論じている。「覇権国は、一方的に取り決めを押しつけるよりも、よりパワーの小さな国家にも共同決定への発言権のある制度をつくるほうが、挑戦を受けることは少ないと考えることができる」(Martin 1993: 110)。実際に、立憲的な戦後構築とは、指導的な大国が従属国に対しても政策決定への参加と権利を広げることを認めるものである。それと引き換えに、従属国は秩序内のルールや制度に黙って従うのである。その結果秩序の正当性が生まれ、従属国が秩序全体を打倒したり、絶えず挑戦しようとする可能性が抑えられる。マーガレット・レヴィの議論によれば、国内システムでパワーを有する者にも、同様の誘因が存在する。制度に基づいて取引を行うほうが、抵抗をやわらげるために絶えず資源を捻出するよりも、支配的なアクターにとってはリスクが少ない。「強制は高くつく。なぜなら強制することによって相手の怒りを招いてしまうことが多く、抵抗の炎を煽りかねない。そのため統治者は、半ば自発的に生まれてくるような従属をつくりだそうとするのである」(Levi 1988: 32)。このように立憲的な戦後構築とは、取引や監視や政策の実施に関して、指導的な大国がコストをかけて資源を捻出する必要性を抑えるのである。

制度的合意と実質的合意

コンスティテューショナリズムのロジックを理解するためには、制度的合意と実質的合意を区別することが理解の一助となる。国家間での取引のタイプのひとつが、国家が特定の関係における利益の配分をめぐって争うような、配分結果をめぐるものである（Krasner 1991）。もうひとつのタイプの取引が、オラン・ヤングの言う「制度的取引」である。これは、「将来の互いの関係を規定すると考えられる立憲的な取り決めや、それと連動する体系的な権利やルールの内容に関して、自立的なアクターのあいだで合意するための取り組み」のことである（Young 1991: 282）。前者のタイプの合意は、実質的合意であり、国家間の物質的利益の実際の配分を決める結果に関するものである。それに対して後者のタイプは、原則やルールや諸条件を規定する制度的合意であり、その枠組みのなかで結果をめぐって特定の取引が行われる(15)。

戦後の指導的な大国が他国に対して立憲的な戦後構築を提唱することとは、彼らが特定の争点について合意を求めたり譲歩することを意味するものではない。立憲的合意とはゲームのルール、すなわち国家が特定の問題をめぐって競争したり、争いを決着したりするような諸条件を規定するものである。国家によっては、配分をめぐるさまざまな対立の解決に対してきわめて異なる期待を抱いている。立憲的合意とは、これらの対立を解決する原則やメカニズムを規定するものである。

戦後の指導的な大国が立憲的な戦後構築を求める場合、彼らは一連の規定されたルールか制度のなかで行動すると事実上申し出ているのである。こうして彼らは、制度化された政治プロセスのなかで関係を管理することを受け入れる。なぜなら彼らの見立てによれば、指導的な大国は公式のあるいは制度的な戦後構築に関して譲歩を行う一方で、新たに構築された制度のなかでも依然として

表 4. 1　実質的合意 vs. 制度的合意

短期的な実質的合意の利点	長期的な制度的合意の利点
目前の利益の獲得 ・制度的合意だと、将来の利益に関する不安がある ・利益をすぐに反映することができる	国家のパワーの温存 ・パワーが衰退したあとも利益が持続する ・覇権を維持するための政策実施上のコストが低い

自らの利益を求めることができるからである。

そのため戦後の指導的な大国が、いかにして自らのパワーの資産を割り当てるかを選ぶ場合、すなわち実質的取引か制度的取引かを選択する場合は、それぞれの選択肢の持つ利点と限界に向き合うこととなる。それらは表4・1にまとめてある。

短期的な利益のためにパワーの資産を活用することは、利益がより確実ですぐに反映することができるという点で魅力的なものである。それに対して、制度的合意が確立される場合、その合意はパワーを温存するためのすぐれた取り決めとなる。制度的合意は将来にわたってその合意を潜在的に固定化し、その国のパワーの相対的地位が衰退した後も利益が持続する流れをつくりだす。また制度的合意は、他国の従属や自らにとって好都合な結果を確保するために、パワーの資源を活用しつづけなければならないという現実の必要性も抑えることができる。

たとえ実質的な実質的利益が大きく異なり対立したままでも、制度的な取り決めに基づく合意を実現する能力によって、制度的な戦後構築の可能性が導き出される。制度的合意を可能とするものは何かと言えば、結果を方向づけたり制約したりする制度自体の能力である。パワーを持つ国にとって、制度とは魅力的なものだ。なぜなら自国の抱える根本的な限界を悪化させるような結果をある程度防ぐのに有効であり、また他国を将来にわたって拘束することができるためである。[16] これらの魅力は、条件次第では、自立性をある程度放棄したり、パワーの専制的な行使が制約を受けたりするよりも重要なものとなり得る。またよりパワーの小さな国家にとっても、制度的合意は、大国に支配されたり見捨てられるといった懸念すべき結果をある程度防ぐものである。制度は国益の観点から見ると「中立的」なものではない。なぜなら制度は、あらゆる結果を等しく実現することはないためである。新たな制度のルールに従うという合意は、国家がその枠組みのなかで、制度的な取り決めにより自らの利益を守ったり、保護したりすることができるという理解から来るものである。そのため、このような制度的な取り決めは、少なくともリスクの高いほかの選択肢よりも十分に魅力的な選択肢となる。

パワーを抑制する戦略

コンスティテューションとは、政治秩序内でパワーを抑制するための制度的なメカニズムである。だが、立憲的な抑制を、国家が国際システム内でパワーを抑制したり分散したりするための、より広範な一連の手段や取り決めのひとつとして見ることもまた有用である。[17] これらは国家の自立性の促進、パワーを分散する領土分割、対抗勢力《カウンターバランス》の同盟の形成、相互拘束的な制度の形成などを含む。このようなパワーを抑制するさまざまな戦略については、表4・2にまとめてある。

表4. 2　パワーを抑制する戦略

手　段	ロジック
政治的ユニットとしての国家の自立性の強化	政治的ユニットを細分化する 宗教や帝国を軸とした国家群の基盤を弱める
領土／パワーの分割	大国の能力を多様なユニットに分散する パワーの増大を抑制する
対抗勢力の同盟	国家間連携を阻止することを通じて、パワーの増大を抑制する
制度的な相互拘束	潜在的に脅威となる国家を、同盟や相互拘束的な制度に結び付ける
超国家的な統合	主権を超国家的な政治制度／機関と共有する

最も基本的な戦略は、国家主権を強化することである。諸国家がその秩序内で法的な独立や政治的な優越的地位を与えられる場合、これは帝国や宗教を軸とした国家群のパワーの増大を抑える。すなわち、政治的ユニットを主権国家へと細分化することを通じて、パワーを抑制するのである。またこのようなパワーの分権化は、国家主権を国際公法のなかに法制化することで強化される。これはウェストファリア条約の最も重要な目的であった。その目的とはすなわち、一定の領土を領有するそれぞれの国家に対して至上の主権的自立性を付与し、それをより普遍的な権威を持つ君主国などほかのいかなる種類の権威にも従属させないということであった。国家の権利や主権に基づく統治権は特定の宗教から切り離され、ウェストファリア条約は共和国や君主国を対等の地位に置くことによって国際法を発展させたのである（Gross 1948）。オスナブルック条約とミュンスター条約は、成文化された文書によって個々の国家の政治的な地位を確立し、宗教や政治のいずれの問題に対しても領土に基づく主権の原則を確認し

たのである。(18)

第二の、パワーを抑制するための手段とは、大国の能力を分散させるために領土的ユニットを分離・分割することである。その目的とは、秩序内で他国を支配できるほど十分な領土資産を持つ国家がないことを保証することである。戦争の後のように、領土国境を再画定すべく領土問題がオープンになる場合は、このような戦略をとる機会が出現する。戦後の講和会議では、政治秩序の地図が文字通りテーブルの上に広げられる。だが敗戦国には、このような領土の塗り替え作業に抵抗する選択肢はほとんどない。一七一二年や一八一五年の後のフランスや二つの世界大戦後のドイツのように、覇権国の破綻と崩壊によって、広大な領土の統治に関する問題が交渉の舞台へと開かれる。なかにはスペイン継承戦争後のように、大国の潜在的なパワーを分散させるために、戦後の領土交渉が明らかに領土の細分化や分割に関係する場合もある。また第一次世界大戦後のように、広大な領土を持つ国家の分割が、民族自決の名のもとに推進された場合もある。だがこれらの目的は、すべて同じである。すなわち、領土的ユニットを細分化し分割することによりパワーの増大を抑制することである。

パワーを抑制するための第三の戦略とは、最もよく知られたものであるが、勢力均衡である。ここでは、国家は自らのパワーを一時的に同盟に集約させ、国際システムにおいて脅威となる国家に対して相殺あるいは対抗勢力となるような取り決めを発展させる。このようなバランシングのための行動が、国際的な安定を促進するのである（Claude 1962: 3–93; Gulick 1967; Haas 1953; Sheehan

1996; Waltz 1979; Wight 1966)。また勢力均衡では特定のメカニズムやプロセスが大いに異なる場合があり、勢力均衡論はこのような多様性を反映している。[19] だが程度の差はあっても、バランシングが機能することは秩序の法則として明確である。また同盟の集団化も、程度の差こそあれ、公式のものとなって制度化される場合がある。だが本質的なロジックは、これらはすべて同じである。すなわちパワーの増大は、それに対抗すべきパワーにより抑制される、というものである。

第四の戦略は、制度的な相互拘束である。ここでは、国家は相互に制約される制度のなかに自らを結び付けることによって、潜在的脅威や戦略的対立に対処する。制度には、「拘束」や「固定化」という潜在的な機能があるために、このような重要性を持つことができるのである。国家は通常、他国と協力する一方で、拘束から解放されることも可能となるように、自らの選択肢を残そうとする。だが相互拘束を受ける国家は、全く反対のことを行う。すなわち、そこから撤退することが困難となるような安全保障や、政治および経済の長期的なコミットメントをかたちづくるのである。拘束彼らは主権国家としてできる限りまで、自らのコミットメントや対外関係を「固定化」する。拘束的なメカニズムの例としては、条約、制度と結び付いた国際機関、共同管理責任、対外関係について合意された基準や原則、などがある。これらのメカニズムは「脱退のコスト」を高めたり、「ものを言う機会」を生み出したりする。このようにして、対立を緩和したり、解決したりするようなメカニズムを提供するのである。

制度的拘束は、拘束性の強さという点に関してそれ自体変わり得るものである。ポール・シュローダーは、「ヨーロッパ協調（the Concert of Europe）」を生み出した同盟こそ、このような相互拘束のロジックをいち早く示したものだと論じている。この事例やその後のほかの事例が示すように、同盟とは「抑制のための協定（*pacta de contrahendo*）」としてつくられてきた（Schroeder 1975）。そのような相互拘束は、国家が同盟内で相手国を管理・抑制するメカニズムとして機能してきたのである。シュローダーは、「同盟国の政策をこのように抑制したいという願望こそ、当事国の片方あるいは双方が同盟を結ぶ主な理由となることもあった」と論じている（Schroeder 1975: 230）。このように同盟とは、国家が相手国の安全保障政策に関与できるような拘束的な条約のかたちをとることもあり得るのである[20]。

相互拘束は、同盟以外の制度においても明らかなものである。国家は共同の政策決定のなかに固定化され、深く根差した制度的協力の形式に組み込まれる。制度的な相互拘束の取り決めがはじめて意味を持つのは、国際的な制度やレジームが国家の行動を律するような自立した影響力を持ち得る場合である[21]。これには、制度とは粘着的なものであるという前提がある。すなわち、制度は独自の持続性やロジックを持つようになり、さらには制度を構築した国家さえも方向づけて制約するのである。国家が制度的拘束を戦略として用いる場合、彼らは自らを相互に制約することを実質的に受け入れている。それらの諸国は自立性や裁量をある程度放棄することになるが、ほかの国々の行動もより予測可能なものとなるであろう。制度的な相互拘束とは、制度によって国家が何を行うか予測でき、反対に制度がなければ行うことが困難でありコストがかかるようになると規定できるか

らこそ、可能となるのである。(22)

最後の戦略は、公式な超国家的統合である。すなわち、共同体内での国家間の公式の法的・制度的義務が、国内の法的・政治的な制度と基本的に区別のつかなくなるような統合である。識者によっては、EUがこのような状態に近づきつつあり、ヨーロッパの法律家や裁判官らもEUを「立憲的な」政体になったと主張する者もいる（Manicini 1991; Stein 1981; Weiler 1991）。

以上のような抑制の範囲は、パワーの行使を規定し制約するような制度的協力の度合いによって規定されるものである。ある意味で、これらの戦略はみなパワーの均衡を追求する手段ともいえる。カール・フリードリッヒが述べたように、「国際機構を国際的なバランサーの代わりとすることは、ある意味であらゆるコンスティテューションの持つ全般的な特徴を、ただひとつの具体的なかたちとして示すものである。コンスティテューションとは、共同体内のさまざまな政府のパワーを均衡しようとし、また利益の均衡をつくりだすものである」（Friedrich 1950: 86）。だが別の見方をすれば、国際秩序が制度的な相互拘束の取り決めに基づいてつくられる場合、それは勢力均衡による抑制に代わって、パワーの行使に対して規律ある制約をかけている。均衡のロジックとは、パワーに対してパワーをもって抑制することである。だが制度的な相互拘束のロジックとは、制度化された政治プロセスの構築を通じてパワーを抑制することなのだ。

立憲的な取引

立憲的な戦後構築とは、指導的な大国が先を見据えて利益を計算し、戦後環境のもとで現れてくる誘因に対処することではじめて可能となる。だがひとたび立憲的秩序が構築されれば、国家が立憲的な戦後構築を高めようと行動する誘因を、その秩序が自らつくりだしてゆく。すなわち、戦後構築に参加する国家に対してプラスの還元効果をもたらし、そのことによって秩序のルールや制度が強化されるのである。

立憲的秩序を受け入れる場合、国家は所与の制度やルールの体系のなかでの行動に対して、互いにコミットメントを行う。そのようなコミットメントを通じて、秩序内のさまざまな国家がより確実に互いに結び付けられ、関与し続けるようになる政治プロセスがつくられる。これにより、未来はより確かなものとなり、関係を深めるうえでより長期的な計算や投資ができるようになる。国家は秩序内のほかの国々との関係に亀裂が入ることはないと理解すれば、他国との関係に投資しようとする誘因は高まってゆく。さらに一歩進めれば、ある二つの国家が直ちに協力し、相手国との関係に関与することを受け入れるようになるのは、次のような場合である。すなわち、彼らの競争が制度化された政治プロセスのなかに組み込まれ、戦争および戦争の脅威をもたらさなくなると理解するような場合だ。反対に自国の自立性や相対的な地位に懸念を抱くような不安を抱える国家は、そのような相互の投資や関係を避けようとする傾向がある。[23] この意味で、立憲的合意の持つ拘束的な性格によって、安定しつつ制度に組み込まれた国家間関係が可能となる。そして国家が互いに協力する誘因を生み、立憲的合意をより確固としたものにするかは、国家間関係が相対的に見てこのような性質をたしかに持っているかどうかによる。

従属国が直面する危機とは、彼らが覇権国や指導的な大国によって支配されたり、見捨てられたりするかもしれないというものである。そのためよりパワーの小さな国家には、指導的な大国が制度上の抑制から離脱したり、一時的な利益を搾取したりすることはないとの確証がなければならない。[24]そのような保証を与えず、また信頼できるコミットメントを伝え損ねることは、潜在的に大きな意味を示唆することになる。もし立憲的合意がうまくいかない場合、その結果は従属国にとって恐るべきものとなる可能性がある。結果として合意はすぐに破れ、国家は安全保障に備え、別の方法で利益を促進するよう働きかけるようになる。ネオリアリストが論じるように、アナーキーは、国家が合意を形成し維持しようとする意欲を厳しく制約する（Waltz 1979）。騙し合いに対する不安や、相対利得の問題、政治的自立性に対する脅威など、これらの可能性はすべて国家が拘束的な合意をつくろうとする意欲を制約するものである。

だが反対に、指導的な大国が秩序内でよりパワーの小さな国家をどの程度まで支配し得るかの点で、彼らのコミットメントが信頼できるものであれば、立憲的秩序は従属国にとってきわめて魅力的なものとなり得る。立憲的な戦後構築には、国家が共同で政策決定をしたり、紛争を処理したりするような政治プロセスの形成も含まれる。このような制度化された政治プロセスは、よりパワーの小さな国家が大国との関係のなかで「ものを言う」ことのできるメカニズムをもたらす。[25]よりパワーの小さな国家は、共通の制度のなかで行動することにより、自らの利益を担保するかたちで指導的な大国の行動を方向づけて制約する機会を得るものと計算しているのである。

コンスティテューショナリズムの多様な変化

大規模な戦争のあとには、支配的地位にある国家には立憲的な戦後構築を求める誘因があるものの、その誘因の強さは戦後の環境によって異なってくる。[26]このような戦後の環境において、戦争による崩壊の特徴や、指導的な大国が直面する不確実性の度合い、戦後のパワー構造、合意に関係している国家の種類などという要因がある。だが重要なことは、国家が立憲的な戦後構築を行う意欲とは保証やコミットメントを伝えることができる能力次第であり、その国家自身の特徴に高度に依存する、というものである。民主主義諸国はほとんどの場合、立憲型秩序の指導に向けて積極的であり、またそれが可能なのだ。

リスクと不確実性

戦後構築のもとでは、さまざまな関係国にとって利得が生まれてくる。だがその具体的な利得の配分は、はたしてどの程度不確実なものであるのだろうか。このことは、立憲的な戦後構築を行おうとする国家の意欲にも影響を及ぼしている。この点に関して、制度的合意と実質的合意の違いはすでに述べたとおりであるが、制度的合意とはゲームのルールを扱い、実質的合意とは利得配分をめぐる争いの結果に関係するものである。そして制度的な戦後構築が利得配分に及ぼす意味をめぐって、不確実性が大きければ大きいほど、立憲的な戦後構築が実現する可能性が高くなる。これにはいくつかの理由がある。

はじめに、利益の配分をめぐって不確実性が大きければ大きいほど、原則や公平性の考慮に従って、戦後構築のルールや制度をめぐる取引が行われる可能性が高くなる。特定の制度的な取り決めが時を経ていかにして国家の利益に影響を及ぼすか、国家が断定することは難しい。だが国家は、このような「不確実性のベール」のもとで行動しながら、ルールや制度を発展させようとするのである。そのようなルールや制度とは、「参加国がその結果どのような位置に立つことになっても、その取り決めのもとで生まれる結果のパターンは広く受け入れられる」（Brennan and Buchanan 1985: 30）という点で公平なものである。そのような合意は、参加国に対する具体的な利益の配分に依存するものではないため、時を経ても正統性や持続性を持つ可能性が高い。これまで、さまざまな諸国が制度的合意を受け入れてきた。なぜなら彼らは、戦後新たに構築された秩序内での自国の最終的な地位がどのようなものであれ、そのような戦後構築を受け入れることができると見ていたためである。合意とは、具体的な利益の配分や利益の流れに対する期待に基づくものではないのである。

制度的合意の範囲もまた重要なものとなる。その範囲が大きければ大きいほど、すなわち交渉のもとで合意のなかに含まれる争点が多ければ多いほど、国家間での具体的な利得の配分を事前に決めることがますます困難となる。そして前述のとおり、このように不確実性が大きくなるほど、制度的合意の可能性もまた高まるのである。さらにその範囲が、きわめて多様な争点や取り決め、そしてやり取りを含むほどに大きくなるほど、特定の争点すべてではなく、むしろ一般的原則に関して合意すべき誘因もますます大きくなる。これは、政治プロセスの原則やルールのレベルで問題を解決すべきという、政治的な効率面からの誘因である。このような原則やルールとは、多くの具体的な争点や論争の解決の指針となり得る取り決めとなる。このように原則や一般的ルールのレベルで問題を解決すべきとする誘因により、制度的合意と実質的合意の乖離はますます強まるのである。

以上の考察は、とくに戦争やシステム崩壊の特徴や範囲など、秩序構築を引き起こすような歴史的分岐点がいかにして出現するかについての重要性をも強調するものである。なぜなら、システムの崩壊がより全体にわたるものになるほど、制度的取り決めの議論はより根本的で基本的なものとなるためである。それによって、秩序に関する基本的な理念や規範をめぐる交渉もさらに必要となってくる（また、いかなる合意にも達しないという元々の状態を選択することは、有用なものではない）。言い換えれば、制度に関するより根本的な議論が起こり、いかにして制度が利益配分に実質的な役割を果たすかに関してもより穏当な評価が現れてくる。さらにより多くの争点も含まれてくる。これによって不確実性はさらに高まってゆく。すなわち、ルールや制度によってつくられる具体的な利益の配分を、国家が計算することはより難しくなる。すでに見てきたように、いかにしてルールや制度が特定の国家に対して影響を与えるかについて、不確実性が大きくなればなるほど、一般的原則や公平性の考慮をもとに決定がなされる可能性がさらに高くなる。このことが、より高い正統性や持続性を持つ秩序の形成につながるのである。

国家の同質性と立憲的なコミットメント

立憲的な戦後構築において、国家が再保証やコミットメントを伝える能力は、参加国の政体の特徴しだいで変わる。はじめに、参加国が同じようなタイプの国内政治秩序を持つ場合、彼らは戦後構築について考えが一致する可能性が高くなる。これは二つの理由によるものである。第一に、国家が同じような政体を持つ場合、彼らは戦後に構築される秩序形式に対して同じような目標や選好を持つ可能性が高いためである。これにより、戦後秩序にかかわる特定の機関に共通の関心が寄せられてくるようになり、潜在的な対立のレベルは低くなる。第二に、国家が同じような政体を持つ場合、各国とも同じようなやり方で政策を方向づけて制約する国内構造を持つためである。これにより、国家が何を行い何を行わないか（また何ができて何ができないか）に関して信頼がつくられる。結果として、これらの諸国の相互のコミットメントにおける信頼のレベルは高まるのである。

同じような政体を持つ国家は、異なる政体を持つ国家と比べて、いかにして国際秩序を構築すべきかについて同じような選好を持つ可能性が高い。このために、彼らは同じような形式のルールや制度を構築しようとし、支持する可能性が高い。このことから、秩序に関する基本的な内容をめぐって合意することができ、対立が起きないことを保証することができる。ひいては、秩序のルールや制度を維持することに対する信頼が高まるのである。

このような主張の背後には、国家が国際秩序に対して抱く目標や選好は、少なくとも部分的には国内政治構造に根差している、という前提が存在する。これはいくつかの理由により当てはまる。第一に、国家はそれぞれ国内の仕組みの特徴が異なり、これらの違いこそが、国際秩序のそれぞれのタイプにおける利点と欠点を規定し得るのである。たとえば、閉鎖的な国内政治秩序を持つ専制主義国家の場合、分権的な多国間システムよりも、集権的な二国間システムでより上手に振る舞うことができる可能性が高い（Ruggie 1993）。それに対して、開放的で分権的な政体を持つ民主主義国家は、同様に民主的に構築された戦後秩序でよりうまく行動することができる。このように国家は、国内構造と国際秩序が実務上うまく適合し、自らが上手に行動することができるような戦後のルールや制度を望むのである。

第二に、異なるタイプの国際秩序は、異なるタイプの国家を強めたり、また弱めたりする。国家は自国が有利に行動できるような戦後秩序を求めるばかりではなく、自国の政体を望ましい方向に高めるような戦後秩序を求めるのである。たとえば一九七〇年代に第三世界諸国は、反リベラル国際秩序を構築することを求めたが、これは社会との関係で政府エリートの地位を高めることにつながる国際経済レジームをともなうものであった（Krasner 1985）。なぜなら市場レジームよりも規制レジームのほうが、これら脆弱な政府エリートが望む資源やパワーを彼らにもたらし、政府エリートの地位を高めるためであった。同様に、民主主義的政体や専制主義的・権威主義的国家はそれぞれ、自らと異なるタイプの安全保障秩序の存在によっても、自らの政体の理念を高めてゆくものである。ただし開放的で分権的な民主主義諸国と、閉鎖的で集権化された政体とでは、それ以外はすべて同じと仮定すれば、勢力均衡秩序により親和性があるのは後者のほうである。

これらの考えの背後には、国内秩序と国際秩序の連関性にかかわる奥深い議論がある。すなわち、国家は自らの政体の正統性を高めるようなやり方で、これら二つの秩序のあいだの「適合」を見いだそうとするのである。彼らは機会をとらえて、国内の政治秩序の理念と整合する国際的ルールや制度を構築しようとする。(27) このような議論が想定する一局面としてとりあげられるのが、武力行使である。国家は、介入や軍事力の行使について、国内の基準と整合するような国際的ルールをつくろうとする。たとえば、国家が強制力を持つような権限に対して、国内では高度に制限された制約を支持しておきながら、国外ではあまり制限されずにこのような権限を支持することは困難である。また別の側面として、国内の政治的権威のより全般的な特徴があげられる。政体とは、「国民《ネーション》」や市民社会に特権を与えるものと、「国家《ステート》」に特権を与えるものとに区別できる。そしてそれぞれのタイプの政体は、国内で通用する政治的権威の理念を高めるような国際的なルールや制度を求めるのである（Barkin and Cronin 1994）。最後に、国内の正統性の理念とは、国家が社会福祉や経済安全保障を市民に提供する役割にも関係する。国家が自らの責任を果たす能力を高めるような、特定の国際的なルールや制度体系を求めるのは、実務的な理由があるためである。だがまさにそのような理由があってこそ、国家は社会や経済に関与するうえでの基本的な原則やルールを反映するような秩序を求めるのである（Ikenberry and Kupchan 1990）。

　これらの議論の筋道がそれぞれ示していることは、国際的な正統性の基準とは最終的には国内で広く行きわたっている国内の政治的正統性の基準によって決まってくる、ということである。そのためその帰結として、国家が同じようなタイプの「政体の理念」を持つ場合、国際秩序の理念をめぐる合意を見いだす可能性が高いのである。

　またこのような考えは、再保証やコミットメントという問題にも関係する。同じような形態の国家同士は、戦後秩序のあり方に対して同じような選好を持つばかりではない。彼らは自らが同意した合意を順守することの保証を、お互い相手国に対して何らかの手段で伝えることができるのである。相手国によるコミットメントが、その国家の国内政治秩序に根差したものとして伝われば、そのコミットメントの持続性についてある程度まで信頼できるようになる。なぜならば、国際秩序体系の性格をめぐる国家の選好は、まさに国内政治構造に根差しているからである。国内政治構造を見ることで、彼らは立憲政治において失敗するリスクを計算することができるのである(28)。

　戦後秩序のルールや制度に対する国家の選好が、少なくとも部分的にでも実際に国内政治構造に根差したものであるならば、そこからいくつかの結論が導き出される。第一に、秩序の一般的ルールや原則をめぐる合意と、具体的な利益配分に関する争点をめぐる合意とを比べると、なぜ前者のほうが後者よりも実現しやすいのかについて、さらに別の理由が導き出される。前述のとおり、「制度的」合意は、「実質的」合意よりも実現しやすいものである。なぜならそれらはルールやプロセスに関する合意であり、具体的な利益配分をめぐる対立の解決に関するものではないためである。さらにここで追加すべきことは、それらは信頼性のあるコミットメントによって最も明確に実証できるタイプの合意でもある、ということだ。第二に、国際秩序に対する選好の源泉は国内構造にあるとする視角によって、国家は戦後構築を模索するうえで国内レジームの性質の問題にも大いに関心を持つと予想される。国家は同じような政体を持つ諸国とともに、立憲的な戦後構築を求める可能性が高く、そのような戦後構築はうまくいく可能性が高いのである。

民主主義と立憲的合意

以上のような考察に加えて、民主主義諸国は非民主主義諸国と比べて、自らのコミットメントについて他国により効果的に再保証を行い、その結果民主主義諸国はより積極的に立憲的な戦後構築を行うことができる。すなわち開放的であり、また競合する諸政党を持つ分権化された民主主義国の政体は、不確実性を減らしコミットメントを伝えるのに適したさまざまな特質を持っている。これらの特質とは、政治的な透明性やアクセスのしやすさ、また政策の粘着性である。

民主主義諸国は非民主主義諸国に比べて、より高度の政治的透明性がある。この透明性のおかげで、ルールや合意に対するその国のコミットメントについて、ほかの国々はより正確に判断することができる。政治的な透明性とは、政体が開放的で見えやすいことを指し、民主主義諸国はそのような透明性を高めるさまざまな特質を持っている。そのなかでも最も重要な特質は、パワーや政策決定の分権化である。政策決定が分散されることで、より多くの人びとやより綿密なプロセスが政策決定に含まれることを意味する。そしてその結果、より多くの政治上の実務が公開の場で行われねばならなくなるのである。このような状況を深めていくのが、民主主義政治の規範や期待である。選挙で選出された政治家は、有権者に対して最終的に説明責任を負う。そのため一般国民は、直接参加ではないまでも政策決定を監視することが期待される。非公開とは例外的なものであり、規範とは見なされていない。最後に、競合的な政党システムもまた、国家の政策の意図やコミットメントに関する情報を生み出すものである。国政選挙という審査プロセスを通じて、指導者は丹念に練り上げた政策方針を擁している存在だということが知られる機会が増えてくる（Deudney and Ikenberry 1994）。政治競争とは勝ち負けのシステムであり、それによって指導者はオープンで説明責任を果たそうとする誘因がつくられる。さらに選挙制度によって、各政党は他党の政策のコミットメントにおける矛盾や信頼性のギャップを明らかにしようとする誘因がつくられる。[29] このような競争的な政党力学や政策決定プロセスの透明性のおかげで、他国は非民主主義諸国と比べて突然の事態に振り回されることはより少なくなる。これにより、他国がその国のコミットメントに対して持つ信頼性は増してゆくのである。

民主主義諸国が開放的で分権化されていることもまた、他国がその民主国に直接協議したり提議を行う機会をもたらすものである。[30] そのため、民主主義諸国が相互拘束的なコミットメントを進んで行う可能性が高まる。多様な接点を持つことによって、他国が政策コミットメントを直接検証することができ、自らの利益のために働きかけることが可能となる。その意味で、政策にかかわる政策担当者や政策機関の及ぶところすべてが潜在的な接点となる。場合によっては、綿密な協議メカニズムが存在し、協議や参加を促進している例もある。またそれ以外にも、私的な代表や代理人を通じて政府に働きかけるような、間接的で非公式な場合もある（Ikenberry 1997）。このように民主主義的政体は、他国に接触の機会を与える。それによって、政策の意図やコミットメントについての情報のレベルを高めることができる。また、政策決定プロセス内で外国政府が自国の利益を追求する機会ももたらされる。結果として、コミットメントの信頼性が高まるのである。

最後に、民主主義諸国には非民主主義諸国と比べて、突然の政策の変更を抑え込むような制度的な抑制がある。このような「政策の粘着性」によって、政策に関する突然の事態が生じることを減らすことができる（Deudney and Ikenberry 1994; Ikenberry 1997; Mastanduno 1996）。分権的で多元的な民主主義国の政策は、ほとんどの場合拒否権が絡むいくつかのポイントを通過しなければならない。これは、そのような抑制のタイプのひとつである。だが国内のいかなる政策担当者でも、政策を一方的かつ劇的に新しい方向へと変えることはきわめて難しい。なぜなら政策決定とは、基本的にほかの政策決定アクターとの連携を構築するプロセスだからである。このことによって、ひとりの個人が一方的に政策を命じ、他国に対して脅威を与えるような方向で政策を突然転換する可能性は低くなる。同様に競合的な選挙プロセスもまた、政策の全体的方向性に対して持続的に圧力をかける。指導者が成功を収めるためには、有権者の多数連合を形成しなければならない。このことから、「平均的な選好を持つ投票者」の立場を反映しようとする誘因が生まれる（Cowhey 1993）。このような選挙政治の構造により、政策の射程は少なくとも長期的な意味で政治勢力の中央に置かれることが保証されるのである。

結論として、民主主義諸国は非民主主義諸国に比べて、自国のコミットメントに関して自国民により大きな信頼をもたらすことができる。なぜなら民主主義諸国の持つ開放性や透明性によって、政策の特徴や持続性を判断するための機会がより多く与えられるからである。また民主主義諸国に対するアクセスのしやすさによって、他国の政府は情報を収集するばかりではなく、直接情報を提供したり、少なくとも政策決定の周辺部分に積極的に参加したりすることが可能となる。さらに競合的な政党システムもまた、政策を牽引するメカニズムをつくりだす。そのメカニズムによって、とりうる政策の幅の中央に位置するような政策を採用しようという誘因が継続的につくられるのである。これらの要因はいずれも、民主主義的政体がつねに自らのコミットメントを果たすことを保証するものではないものの、それらは政策に突然不当な変更が生じるといった不確実性を減らすのだ。

歴史的事例とそれらの比較

戦後構築はこれまで、それぞれその方法や程度が異なってはいるものの、すべて立憲政治の兆候を示すものであった。一八一五年、一九一九年、そして一九四五年の戦後構築での指導的な大国はみな、秩序原理として正統性があり、諸国間で互いに受け入れられる戦後秩序が望ましいと、関心を払っていた。そして、これらの合意はしだいに制度的合意へと発展していった。つまりこれらの合意が、協議や政策決定のプロセスとその公式の側面を扱うものとなったのである。ウィーン会議は、いかにして領土の調整やその他の安全保障の取り決めを進めてゆくかについての合意を盛り込んでいた（Holsti 1991: ch. 6）。それは、紛争を処理するうえで利用可能な手続きがあれば、国家間の激しい紛争が不可避となる可能性を抑えることができる、という考えに基づいていた。その意味で、望ましい政治プロセスを構築することは、事態の予測可能性を規定するうえで役立つものである。

一九四五年以後の先進民主主義諸国間の戦後構築は、より立憲的秩序に近いものと思われる。西側諸国は、規律ある拘束的な制度的メカニズムのなかに結び付けるべく、共同のコミットメントを体系的に組み込んできた。その結果このような制度的メカニズムは、およそ独特の「国内的」特徴を帯びるものとなった。西側諸国政府は、主権国家としてできる限り自らのコミットメントや対外関係を「固定化」したのである。それらの諸国の政府は、紛争を処理し特定の合意に達するための制度的メカニズムに沿って、一般に受け入れられている規範や原則に基づく政治秩序を構築しようとした。その意味で、これをコンスティテューショナリズムと位置づけることができる。

アメリカの構造的特徴とは、そのリベラルな民主主義の政体にある。このことは、戦後西側諸国が信頼性のあるコミットメントの問題を克服する一助となったという点で、きわめて重要なものであった。アメリカの政治システムの持つ開放的で分権的な性格によって、ほかの国々はアメリカの覇権秩序が機能するなかで、自らが「ものを言える機会」を持つようになった。その結果、アメリカはこれらの国々に対し、自らの利益を積極的に拡大し、紛争を解決するためのプロセスが用意されていると安心させたのである。この意味で、アメリカの戦後秩序は「浸透した覇権」であった。それはアメリカを中心とし、精緻につくられた脱国家的・脱政府的な政治システムとなるにしたがって、国内政治と国際政治の境界が曖昧となる広範なシステムであった。

その浸透した覇権のおかげで、アメリカは制度化された政治秩序内で行動することのコミットメントへの信頼性が高まっている。これには実際にはいくつかの方法がある。一点目は、単純にシステムの持つ透明性である。すなわち、アメリカが政策を突然変更するかもしれないという突然の事態を減らし、パートナー諸国による不安をやわらげるものである。このような透明性は、大規模で分権化された民主主義国における政策決定が、多くのプレーヤーと広範で比較的見えやすい政治プロセスを持つという事実から来ている。だがそれは、開放的で分権的なシステムであるだけではなく、競合的な諸政党や独立した報道機関を持つシステムでもある。このような特徴こそ、アメリカが主な政策コミットメントを行ううえで、その根本となる誠実さや実現性を明らかにする役割を果たすのである（Fearon 1994）。開放的で競合的な政治プロセスは、ときとして玉虫色の政策をつくりだすこともあり得る。だがこのような政治プロセスの透明性により、少なくともほかの国々はアメリカの外交政策のとり得る方向性について、より正確に見定めることができる。このことは、不確実性のレベルを下げ、ある程度の安心を与え、またそれ以外の条件がすべて同じと仮定しても、協力するための機会をより多くもたらすのである。

浸透した覇権秩序によってパートナー諸国を安心させるもうひとつの方法は、アメリカ的なシステムが「部外者」の参加を呼び起こす（あるいは少なくともそのための機会を与える）ことである。アメリカ的なシステムは細分化され浸透しているために、ヨーロッパや日本やその他の先進工業世界の国々との広大な脱国家的・脱政府的関係のネットワークを広げることができ、またそのような拡大を呼び起こしている。このような政府・企業・民間団体の拡大した綿密なネットワークが、互いにシステムを結び付けている。アメリカは、環大西洋と環太平洋の政治を結びつけるための主要な舞台となっている。他方でヨーロッパ人と日本人は、ワシントンには自ら選出した政治家を持たないものの、いわばそこに代表を送っているといえる。[31] このようなアメリカの政治プロセスへのアクセスは、対外的には完全に相互的なものではない。だが、アメリカのリベラルなシステムの持つ開放性や広範な分権化によって、他国がアメリカの政策決定プロセスに対して一定のアクセスを持つことを保証しているのである。

相互に安心を与える最後の方法は、アメリカやそのパートナー諸国を「固定化」や「拘束」によって制約し、その結果支配されることや見捨てられることへの不安をやわらげる制度自体のなかにある。西側諸国は共同のコミットメントを、規律ある拘束的な制度的メカニズムのなかに結び付けるべく、体系的に取り組んできた。政府は通常、他国と協力する一方で、拘束から解放される選択肢も選べるように、自らの選択肢を残そうとする。だがアメリカやほかの西側諸国が戦後行ったことは、全く反対のことであった。彼らは、撤回するのが困難な、安全保障や政治や経済の長期的なコミットメントを形成した。彼らは主権国家としてできる限りまで、自らのコミットメントや対外関係を「固定化」したのである。

ブレトンウッズ協定は、そのような制度的拘束のロジックを示すものである。これは、国家間の経済協力を保証するための、恒久的な国際制度や法的枠組みを構築した最初の協定であった。すなわち、紛争を調停するための準司法的な手続きに関するルールや義務を規定した、精緻なシステムとして構築されたのである（James 1995）。実際に西側諸国政府は、機能的に編成された数々の脱国家的政治システムをつくりあげた。さらにアメリカやその他西側諸国の持つ民主主義的な性格も、これらの国家間の綿密な結び付きを形成することを後押しした。これらの諸国の国内の制度が浸透していたため、先進工業諸国間を相互的かつ多元的に「引き寄せる」ための親和性のある基盤ができていたのである。

冷戦期の安全保障同盟が、さらなる制度的拘束の機会をもたらしていたのは、まさにこの点にある。NATOは「ソ連を追い出し、ドイツを抑え込み、アメリカを招き入れる」ためにつくられたという長いあいだ述べられてきた表現は、長期的なコミットメントや予測を固定化するための同盟構造の重要性について言い表したものである。日米安保条約もまた、同様の「二重の封じ込め」の性格を持つものであった。これらの制度は、外部の脅威に対して均衡するために組織的に取り組むという通常の意味での同盟として機能するばかりではない。それらはまた、政治関係を築き、実務を行い、対立を調整するためのメカニズムや場所を提供したのである。[32]

西側秩序の立憲的性格は、ドイツと日本にとってはとくに重要なものであった。両国は「半主権的な」パワーとして先進工業世界のなかに再び組み込まれた。いわば彼らは、国家の持つ軍事力や自立性に関して前例のないほどの立憲的制限を受け入れたのである。[33] このように、両国は経済や安全保障に関して、西側の地域的かつ多国間による制度の枠組みに特異なほどに依存するようになった。両国は西側政治秩序に組み込まれており、この西側政治秩序は両国の安定や役割にとって不可欠なものである。ドイツのキリスト教民主同盟（CDU）のヴァルター・ライスラー・キープは、一九七二年に次のように論じている。「独米間の同盟とは……単なるドイツ現代史の一側面にとどまらず、わが国の政治において傑出した位置を占めるものとして決定的に重要な要素である。実質的にこれはわが国にとって第二の憲法をなしている」(Schwartz 1995: 555 での引用)。このように西側の経済や安全保障の制度は、日本とドイツにとって安定のための政治上の防壁をもたらすものであり、両国のごく短期的で実際的な目的をはるかに超えたものである。

全体的にアメリカの覇権は徐々にではあるが浸透しており、それは高度に制度化されたものとなっている。これらの特質はみな、きわめて安定した持続的な政治秩序を強化していくことを後押ししてきた。戦後アメリカによる戦略的な抑制は、支配されることよりも見捨てられることについての不安をヨーロッパに残すものであった。そのためヨーロッパ諸国は、アメリカのヨーロッパに対する制度化されたコミットメントを積極的に求めたのである。アメリカの政体の持つ透明性や浸透性は、「広範な」政治秩序を育み、それは域外のほかの工業民主主義国にまで及んでおり、ワシントンへとつながるルートの大部分を含むものとなっている。さらに脱国家間・脱政府間関係においてもチャンネルがつくられている。このように重層的な経済・政治・安全保障の制度は、これらの諸国の相互のコミットメントの信頼性を高めるように、それらの諸国を結び付けている。アメリカはそのシステムの中心にあり続けながらも、ほかの国々もそのシステムのなかに深く統合されている。そしてそのシステムの持つ正統性によって、アメリカが強制的にパワーを行使したり、従属国がバランシングのための対応をとる必要性は小さくなっている。

ウィーン会議は一九一九年や一九四五年の戦後構築に比べると、その構想や制度の面でそれほど広範なものではなかった。参加国もまた、本来想定されていたほどには信頼し得るコミットメントを自ら進んで表明することはなかった。だがこれらの国々が共通して国内で困難な立場にあったことによって、交渉を通じて制度的な戦後構築を促すことが重要となっていたことはほぼ間違いない。これらの関係各国の統治者は、自らの国内の地位をより確固としたものにしようとする誘因を抱いていたという意味で、これらの国々はそれぞれ異なるかたちで非民主主義諸国であった。彼らに共通の利害や安心、正統性の認識をもたらしたのは、このような国内での困難な立場であった。(34) 同様に、秩序そのものが領土やパワーの均衡を形成しているという事実から、関係諸国ははっきりとしたそれ以外の選択肢も持っていた。実際にこれらの諸国は、自らが抱える非民主主義的性質のゆえに、高いレベルで信頼できるコミットメントを与えることはできなかった。だが、彼らは領土やパワーの均衡を形成するという、互いに受け入れることのできる次善の選択肢を共通して持っていたために、相互に見られる安心のレベルを高めることができたのである。

一九一九年の戦後構築の挫折については、ウッドロー・ウィルソンに関係する固有の原因を含めさまざまな原因があるが、さらに根深い問題もあった。それらの問題のひとつは、とくにフランスなどいくつかの中核的な国々が、立憲的な戦後構築に対して真に関心を寄せていなかったことである。フランスの指導者の目からは、制度に対する長期的な投資を支持する選択の余裕はなかった。他方でアメリカは、そこへの誘因を抱いていたものの、このような抵抗を乗り越えるほど十分に支配的な地位にはなかった。その意味で、戦後構築にかかわった国々のあいだで幅があったことと、そのようなさまざまな国々が占めていた戦略的な立場がきわめて異なっていたことの双方が、その後に続く失敗への主要な要因となったのである。

おわりに

本章では、国際関係における秩序構築の問題が、国内の秩序構築とそれほど異なるものではないということを論じてきた。新たにパワーを持った国々がかたちも定まっておらず不安定な政治秩序に直面する場合、それらの諸国は選択に迫られる。それは、利得の配分をめぐる果てしなき闘争を勝ち抜くために物理的な力を行使すべきか、あるいは秩序の原則や規範をめぐってより全般的な解決を模索すべきか、という選択である。歴史上の事例によれば、指導的な大国は、正統性や持続性のある政治秩序のもとで行動することを好むものである。だがそのような秩序を構築するには、指導的な大国と従属国が秩序構築に対してともに抱いている一般的な動機以上に、さまざまな要件が必要となる。戦後構築にかかわる歴史的状況が問題となるのはまさにここである。すなわち、いかにして戦争に勝ったかという方法や、その結果生じたパワーの分布や、戦後構築にかかわる国家の特徴や、指導的な大国が抱いている理念や教訓、などである。

実際にコンスティテューショナリズムのロジックが最も十分に見てとれるのは、旧秩序の崩壊が徹底的なものであったり、パワーの集中がきわめて顕著だったり、指導的な大国が開放的で民主主義的な場合である。旧秩序の解体が広範にわたるものである場合、緊急にやるべきことがいくつも続いてゆく。「いかなる合意もなし」という選択肢は、基本的にすべての関係国にとって受け入れられない。戦後構築の対象となる争点（安全保障、経済、その他）が広範囲であればあるほど、政治プロセスに関する規律ある合意の必要性が高まるのである。またパワーの集中が突出している場合、立憲的な戦後構築の誘因やそれを実行する能力は高まる。一九四五年の戦後構築において、アメリカは支配的な地位を占めていた。アメリカは、開戦時よりもさらに物質的能力を高めて戦争を切り抜けてきた唯一の国であった。このようなアメリカのパワーの相対的地位は、日独に対する完全かつ無条件な勝利によって、ますます大きくなったのである。

最後に、アメリカが巨大で開かれた民主主義国であったという（およそ歴史的な偶然ともいえる）事実は、西側に立憲的秩序を構築するうえで決定的なメカニズムをもたらした。西側諸国は、冷戦によってお互いに協力する理由がさらに高まるまえから、かってないほどのやり方で自らをともに結び付けようとする意思を示していた。そのようななかで、アメリカが透明性を持ち、また他国からも接触しやすいという特徴を持っていたために、相互的かつ多国間主義的で開かれた戦後政治秩序に対するアメリカのコミットメントに一定の信頼性がもたらされたのである。

一九四五年の西側諸国間での戦後構築は、仮に彼らが民主主義国でなければ立憲的性質を持つことは確実になかったであろう。積極的に制度的拘束に関与しようとする意欲は、民主主義諸国が信頼できるコミットメントを伝えるうえで卓越した能力を持っているという点からも理解し得るものである。とくにアメリカが開放的で分権化された国家であることは、決定的に重要であった。それにより、従属国が黙って従うかわりに、彼らが指導的な大国と協議したり、政策決定にアクセスしたりすることができるといった制度的メカニズムを構築することができたのである。たしかに冷戦は、西側民主主義諸国間が結束するうえでの更なる方法をもたらすものであった。だがこのような制度に関する合意は、冷戦の二極構造よりも先立つものであり、また冷戦終結後も長続きするように思われる（Ikenberry 1996）。

国内政治や国際政治の秩序構築とは、大規模な変動や紛争のあとに起こることが多い。また同じようなプロセスは、劇的な出来事が終わったあとに起こる秩序構築においても作用するものと考えられる。パワーを行使する者は、彼らが活動する領域がどこであれ、相互に合意を確約する必要性を認識している。このように、秩序形成とコンスティテューションの構築とは、国内政治と国際政治のいずれにおいても、国家の諸問題を包括するような全般的なプロセスなのである。

注

本章では以下の人びとに感謝したい。趙仁源、ダニエル・デュードニー、ジュディス・ゴールドステイン、ジョー・グリエコ、チャールズ・カプチャン、ディヴィッド・レーク、マイケル・マスタンドゥーノ、ジョー・レプゴールド、ダンカン・スナイダル、またコーネル大学とジョージタウン大学でのセミナーの参加者、そして有益なコメントを頂いた三名の匿名の論文審査員の方々へ。

(1)　このような見方をする者はほかにもいる。たとえば、Lake 1996 や Milner 1991 を参照。

(2)　Gilpin 1981: 41–4. このタイプの変化は、グローバルなシステム下のアクターの基本的性格の変化のことを指す「システム内の変化（systems change)」と対比される。また、アクター間での政治・経済・その他のプロセスにおける変化のことを指す「相互作用変化（interaction change)」とも対比される。

(3)　この点に関する優れた概説としては、Holsti 1991 を参照。

(4)　正統性のある秩序とは、秩序の基本となる規範や原則を参加国が受け入れるという特徴がある。ただしこのことは、コンスティテューショナリズムに関する制度的な特徴のすべてに組み込まれることを必ずしも意味するものではない。Beetham 1991 を参照。

（5）　コンスティテューショナリズムの持つこれらの特徴により、立憲的な秩序構築には一定の範囲があり、歴史上のそれぞれの秩序がこれら立憲的な性質を示す度合いは異なることを示唆している。

（6）　そのため、ボリングブルック卿は一七三三年に次のように定義している。「つねに正確さをもって論じるならば、われわれにとって憲法とは、全体的なシステムを構成する法や制度や慣習の集合体のことを意味する。それは物事の道理に関する特定の原則から形成されたものであり、また特定の公益の対象へと向けられたものである。またコミュニティもそれに従って統治されることを受け入れたものである」(McIlwain 1940: 5 での引用)。

（7）　ヤン・エルスターが論じているように、コンスティテューショナリズムとは、「国家の歴史のなかでも、ごくまれに日々の多数政治の馴れ合いや駆け引きに代わって、深遠で規律のある議論が支配するような局面がある。そのような局面において、これらの論争の対象が今後の多数による決定を拘束する原則となる」ことを表わしている (Elster 1988: 6)。

（8）　このような立憲政治のロジックは、ブルース・アッカーマンが提唱している。彼は立憲上の発展に関して「二元」理論を取り入れ、アメリカ政治の発展における「高次の」立法化と「通常の」立法化という根本的な区別を行っている (Ackerman 1991 を参照)。

（9）　だが、とくにその手段に関する見方や、より深い目標や価値の見方など、立憲的権威の源泉はどこから来るのかをめぐって、論者たちのあいだではかなりの意見の違いがある。たとえば権利を保護し、パワーに対して制限をかけるような特定の法や司法のメカニズムを強調する論者もいる。このような見方によれば、コンスティテューションとは、政治に対する法的制約のかたちをとり、権利や保護や基本的ルールなどを規定する原則を宣言したものとして明示される。このようにコンスティテューションとは、政治秩序の重要な原則やルールに対して、字句上はある種の「最終決定権を持つ言葉」であるが、そのような法的な原則やルールは運用面で適用・解釈・拡大し得るような柔軟性を持つ（Elster 1988）。一方別の論者は、EUが立憲的秩序になりつつあると論じ、ヨーロッパの司法原則や司法上の慣行の拡大を強調している。それは、「立憲的な憲章や原則が規定する国家間の特定の統治構造」によって、ヨーロッパの統治のあり方を形成する働きをしている（Weiler 1991: 2407）。また別の論者は、立憲的秩序の持つ制度的な仕組みを強調している。彼らは数多くの制度的な工夫や手続きをあげて、それらがパワーに対する制限となっていることを論じている。制度上の均衡・権力分立・監視・司法の再審などの諸理論は、アリストテレスからロックやモンテスキューへと連なる知的な系譜を持つものである。このようにコンスティテューションとは、制度設計を通じて制限をつくりだすのである。最後に、さらに別の論者は、立憲的権威とは、政治秩序に関する広範で共通の合意を真に政体内に反映したものである（またそのためにそれらに依存する）と論じている。そのため、コンスティテューションが安定して機能するには、基本となる原則やルールに関する意見の一致が必要である。したがって、共通の価値や政治目標に関して広く行きわたっている権威こそが、パワーに対する制約をかたちづくるのである。

本章では、パワーは相互拘束的な制度を通じて抑制されるという方式を強調する。この意味でコンスティテューショナリズムとは、国際的な制度が持つ国家間のメカニズムの形成・制約・連結としての役割に高度に依存している。なぜなら制度はあらゆる方法で（とくに民主主義）諸国を共に結び付け、国家の行動を制約し、複雑で手間のかかる政治プロセスを形成することができるためにほかならない。それによって、参加国は専制的で不当なパワーの行使に対する不安を打ち消すことができるのである。

(10)　大国の相対的なパワーの低下とは、単に戦争の荒廃によって一時的に劣勢が大きくなっていた敗戦国が復興した結果から起こる場合もあれば、指導的な大国の長期的な興亡のプロセスや、パワーの分布がしだいにシフトしていることから来る場合もある。

(11)　このような国家の選択に関する古典的な議論として、アーノルド・ウォルファーズによる外交政策の「所有」目標と「環境」目標の区別があげられる（Wolfers 1962: 73–4）。

(12)　実際に指導的な大国は、自らのパワーの資産基盤が衰退しつつある状況に直面しながら、戦後を迎える。そのため立憲的な戦後構築を通じて、彼らはルールや制度を構築することにより、自らの資産基盤を温存することができる。こうすることで、ルールや制度を構築しなかった場合よりも、自らの利益の流れを将来にわたって拡大させるようになるのである。

(13)　ここでの議論は、制度とはたとえそれを構築したアクターが退場あるいは衰退したあとでさえも、そのような環境に対して秩序面でのインパクトを独自に及ぼすことができる、というものである。March and Olsen 1989 を参照。国際レジームに関しては、Krasner 1982 および Young 1989 を参照。

(14)　この議論は、指導的な大国が基本となるルールや制度に関する合意を得るために、たとえ最初により多くのパワーの資源を使わなければならない場合でも当てはまる。また、それらのルールや制度の性格について合意を得るために、たとえ彼らが（ある程度）妥協しなければならない場合でも当てはまる。

(15)　実質的合意と制度的合意の区別に関する議論で参考となるものとして、Przeworski 1988: 64–70を参照。

(16)　アダム・プジェウォルスキーはこの点について次のように論じている。「たとえ政治勢力の当事者たちが対立する利益や展望を持つ場合でも、制度に関する合意は可能である。なぜなら制度は具体的な利益を実現する機会をつくりだし、関係する諸勢力も制度がそのような機能を持つと理解しているためである」(Przeworski 1988: 70)。

(17)　このようなレジームや立憲的合意の類型については、Stone 1994を参照。

(18)　ウェストファリア条約が、制度構築の局面や決定的な政治上の局面として真の意味でどの程度重要であるかについては、歴史の点でも理論の点でも活発な論争が行われている。重要な批判的見解としては、Krasner 1993を参照。

(19)　たとえばオーガンスキーは、国家が勢力均衡を維持しようとする場合の手法として次の六つを規定している。それは、軍備の拡張、領土の獲得、緩衝地帯の設置、同盟の形成、他国の内政への介入、分割と支配、である（Organski 1968: 267)。

(20)　安全保障面での相互拘束のロジックに関する重要な議論については、Deudney 1995, 1996を参照。

(21)　言い換えれば、制度には次のことが前提とされる。すなわち特定の状況下では、国家が不確実性を減らし取引のコストを変えるといった単なる「解決」以上のものとなり得る、ということである。制度に関してより限定されたこのような「合理主義的な」理解の議論については、Keohane 1988およびSnidal 1996を参照。

(22)　このような見解は、制度とは何であり何をするかについての一般的な見解とも符合する。ロレンゾ・オルナジーが論じるように、「政治における制度の役割とはゲームのルールを与えることであり、そのようなルールのなかで、対人関係の持つ不確実で予見不可能な性質を減らすことにより、互いに保証を与えるのである」(Ornaghi 1990: 27)。

(23)　ロバート・パウエルは、戦争の脅威のない場合、国家は絶対利得の観点から利益を計算する可能性がより高くなると論じている (Powell 1991)。立憲的なコミットメントとは、実質的に戦争の脅威や勃発のない国家間関係を管理するための共同のコミットメントのことである。

(24)　信頼し得るコミットメントに関する全般的な問題や、立憲的な発展や法の支配に対するその重要性は、以下の研究において検証されている。North 1993, Weingast 1997 および Weingast and North 1989.

(25)　「ものを言う機会」という概念を、ＥＵに対する説明として論じることについては、Grieco 1995 を参照。またこのロジックに関する古典的な説明については、Hirschman 1970 を参照。

(26)　ここで投げかけられている問題とは、実質的には次のようなものである。すなわち戦後の指導的な大国が、短期的な利益を求めたり戦後秩序を強制的に維持することを自制し、かわりに正統性のある制度化された秩序を支持するうえで、先を見据えて行動するような状況とは何か、というものである。

(27)　国内政治と国際政治の正統性の相互関係に関する基本的な議論については、Wight 1977 を参照。

(28)　この議論の背後にある前提とは何かと言えば、国内政治秩序は、国家が何をやりたいと考え何ができるかについて、それらを方向づけたり制約するような影響力を持つというものである。これにより、国家は同意した合意を実行するという、ある程度の信頼がもたらされる。国内構造が国家の政策に及ぼす影響力の議論に関しては、Evangelista 1997 を参照。

(29) 本問題における議論の概要については、Gaubatz 1996 を参照。

(30) この意味で、意図やコミットメントに関する情報は双方向に流れるものである。また民主主義諸国は非民主主義諸国と比べて、他国に対して自らをより全面的にオープンにする。さらに、他国からアクセスできるような制度を通じても、他国の政策や動機に関してより多くの情報を吸収することができる。

(31) 大西洋の安全保障体制を通じて構築された脱国家的な政治プロセスについては、Risse-Kappen 1995 を参照。また日米間については、Katzenstein and Tsujinaka 1996 を参照。

(32) 同盟はパートナー諸国間関係を管理し安定化する機能を果たすことができる、とする議論は Schroeder 1975 によってなされている。

(33) 半主権性という概念については、Katzenstein 1987 を参照。また日本の半主権性と戦後平和憲法に関する議論については、Tamamoto 1995 を参照。

(34) これはウィーン会議に関する伝統的な見方である。Kissinger 1957 を参照。

参考文献

Ackerman, Bruce (1991) *We the People: Foundations* (Cambridge, Mass.: Belkap Press).

Barkin, J. Samuel and Bruce Cronin (1994) "The State and the Nation: Changing Norms and the Rules

of Sovereignty in International Relations," *International Organization* 48(1): 107–30.
Beetham, David (1991) *The Legitimation of Power* (London: Macmillan).
Brennan, Geoffrey and James M. Buchanan (1985) *The Reason of Rules: Constitutional Political Economy* (Cambridge: Cambridge University Press).
Claude, Inis, Jr (1962) *Power and International Relations* (New York: Random House).
Cowhey, Peter F. (1993) "Elect Locally – Order Globally: Domestic Politics and Multilateral Cooperation," in John Ruggie, ed., *Multilateralism Matters: The Theory and Praxis of an Institutional Form* (New York: Columbia University Press).
Craig, Gordon and Alexander George (1983) *Force and Statecraft* (New York: Oxford University Press)（木村修三ほか訳『軍事力と現代外交――歴史と理論で学ぶ平和の条件』有斐閣、一九九七年).
Deudney, Daniel (1995) "The Philadelphia System: Sovereignty, Arms Control, and Balance of Power in the American States-Union, 1787–1861," *International Organization* 49(2): 191–228.
Deudney, Daniel (1996) "Binding Sovereigns: Authority, Structure, and Geopolitics in Philadelphia Systems," in Thomas Biersteiker and Cynthia Weber, eds., *State Sovereignty as Social Construct* (New York: Cambridge University Press), pp. 190–239.
Deudney, Daniel and G. John Ikenberry (1994) "Democratic Competence: The Performance of Democracy in Great Power Balancing," mimeo, The University of Pennsylvania.
Elster, Jon (1988) "Introduction," in Jon Elster and Rune Slagstad, eds., *Constitutionalism and Democracy* (New York: Cambridge University Press), pp. 1–17.
Evangelista, Mathew (1997) "Domestic Structure and International Change," in Michael Doyle and G. John Ikenberry, eds., *New Thinking in International Relations Theory* (Boulder: Westview Press),

pp. 202–28.
Fearon, James (1994) "Domestic Political Audiences and the Escalation of International Disputes," *American Political Science Review* 88(3): 577–92.
Friedrich, Carl J. (1950) *Constitutional Government and Democracy* (Boston: Glinn).
Gaubatz, Kurt Taylor (1996) "Democratic States and Commitment in International Relations," *International Organization* 50(1): 109–39.
Gilpin, Robert (1981) *War and Change in World Politics* (New York: Cambridge University Press).
Grieco, Joseph (1995) "The Maastricht Treaty, Economic and Monetary Union, and the Neo-Realist Research Programme," *Review of International Studies* 21: 21–40.
Gross, Leo (1948) "The Peace of Westphalia, 1648–1948," *American Journal of International Law* 42: 20–41.
Gulick, Edward V. (1967) *Europe's Classical Balance of Power* (New York: Norton).
Haas, Ernst (1953) "The Balance of Power: Prescription, Concept or Propaganda," *World Politics* 15(3): 370–98.
Hill, David Jayne (1925) *A History of Diplomacy in the International Development of Europe, vol. II* (New York: Longmans, Green, and Co.).
Hirschman, Albert (1970) *Exit, Voice and Loyalty – Responses to Decline in Firms, Organizations, and States* (Cambridge, Mass.: Harvard University Press)（矢野修一訳『離脱・発言・忠誠——企業・組織・国家における衰退への反応』ミネルヴァ書房、二〇〇五年）.
Holsti, Kalevi J. (1991) *Peace and War: Armed Conflict and International Order, 1648–1989* (Cambridge: Cambridge University Press).

Ikenberry, G. John (1996) "The Myth of Postwar Chaos," *Foreign Affairs* 75(3): 79–91（本書第6章「冷戦後の混乱という誤った通念」）.

Ikenberry, G. John (1997) "Liberal Hegemony: Explaining the Persistence of the American Postwar Order," mimeo, The University of Pennsylvania.

Ikenberry, G. John and Charles A. Kupchan (1990) "Socialization and Hegemonic Power," *International Organization* 44(3): 283–315（本書第2章「社会化と覇権的パワー」）.

James, Harold (1995) *International Monetary Cooperation Since Bretton Woods* (New York: Oxford University Press).

Katzenstein, Peter J. (1987) *Policy and Politics in West Germany: The Growth of a Semi-Sovereign State* (Philadelphia: Temple University Press).

Katzenstein, Peter J. (1989) "International Relations Theory and the Analysis of Change," in Ernst-Otto Czempiel and James N. Rosenau, eds., *Global Changes and Theoretical Challenges* (Lexington, Mass.: Lexington Books), pp. 291–304.

Katzenstein, Peter J. and Yutaka Tsujinaka (1996) "'Bullying,' 'Buying,' and 'Binding': US-Japanese Transnational Relations and Domestic Structures," in Thomas Risse-Kappen, ed., *Bringing Transnational Relations Back In* (London: Cambridge University Press), pp. 79–111.

Keohane, Robert (1988) "International Institutions: Two Approaches," *International Studies Quarterly* 32: 379–396.

Kissinger, Henry A. (1957) *A World Restored: Metternich, Castlereagh and the Problems of Peace, 1812–1822* (New York: Houghton Mifflin)（伊藤幸雄訳『回復された世界平和』原書房、二〇〇九年）.

Krasner, Stephen D. ed., (1982) *International Regimes* (Ithaca: Cornell University Press).

Krasner, Stephen D. (1985) *Structural Conflict: The Third World Against Global Liberalism* (Berkeley: University of California Press).

Krasner, Stephen D. (1991) "Global Communications and National Power: Life on the Pareto Frontier," *World Politics* 43(3) : 336–66.

Krasner, Stephen D. (1993) "Westphalia and All That," in Judith Goldstein and Robert Keohane, eds., *Ideas and Foreign Policy: Beliefs, Institutions, and Political Change* (Ithaca: Cornell University Press), pp. 235–64.

Lake, David (1996) "Anarchy, Hierarchy, and the Variety of International Theory," *International Organization* 50(1) : 1–34.

Levi, Margaret (1988) *Of Rule and Revenue* (Berkeley: University of California Press).

McIlwain, Charles Howard (1940) *Constitutionalism and the Changing World* (Cambridge, Mass.: Harvard University Press).

Manicini, Frederico G. (1991) "The Making of a Constitution for Europe," in Robert Keohane and Stanley Hoffmann, eds., *The New European Community* (Boulder, Colo.: Westview Press), pp. 177–94.

March, James G. and Johan P. Olsen (1989) *Discovering Institutions: The Organizational Basis of Politics* (New York: Free Press).

Martin, Lisa (1993) "The Rational State Choice of Multilateralism," in John Gerard Ruggie, ed., *Multilateralism Matters: The Theory and Praxis of an Institutional Form* (New York: Columbia University Press).

Mastanduno, Michael (1996) "The United States Political System and International Leadership: A 'Decidedly Inferior' Form of Government," in G. John Ikenberry, ed., *American Foreign Policy: Theoretical Essays* (New York: Harper-Collins), pp. 328–48.

Mearsheimer, John (1994/95) "The False Promise of International Institutions," *International Security* 19(3): 5–49.

Milner, Helen (1991) "The Assumption of Anarchy in International Relations Theory: A Critique," *Review of International Studies* 17(1): 67–85.

North, Douglass C. (1993) "Institutions and Credible Commitment," *Journal of Institutional and Theoretical Economics* 149(1): 11–23.

Opie, Redvers, Joseph W. Ballantine, Paul Birdsall, Jeanette E. Muther, and Clarence E. Thurber (1951) *The Search for Peace Settlements* (Washington, DC: The Brookings Institution).

Organski, A. F. K. (1968) *World Politics*, 2nd edn. (New York: Knopf).

Ornaghi, Lorenzo (1990) "Economic Structure and Political Institutions: A Theoretical Framework," in Mauro Baranzini and Roberto Scazzieri, eds., *The Economic Theory of Structure and Change* (Cambridge: Cambridge University Press), pp. 23–44.

Powell, Robert (1991) "Absolute and Relative Gains in International Relations Theory," *American Political Science Review* 85(4): 1303–20.

Przeworski, Adam (1988) "Democracy as a Contingent Outcome of Conflicts," in Jon Elster and Rune Slagstad, eds., *Constitutionalism and Democracy* (New York: Cambridge University Press), pp. 59–80.

Przeworski, Adam (1991) *Democracy and the Market* (New York: Cambridge University Press).

Risse-Kappen, Thomas (1995) *Cooperation Among Democracies: The European Influence on US Foreign*

Policy (Princeton: Princeton University Press).

Ruggie, John (1993) "Multilateralism: The Anatomy of an Institution," in John Ruggie, ed., *Multilateralism Matters: The Theory and Praxis of an Institutional Form* (New York: Columbia University Press), pp. 3–47.

Schroeder, Paul W. (1975) "Alliances, 1815–1945: Weapons of Power and Tools of Management," in Klaus Knorr, ed., *Historical Dimensions of National Security Problems* (Lawrence, Kan.: University Press of Kansas), pp. 227–62.

Schwartz, Thomas A. (1995) "The United States and Germany after 1945: Alliances, Transnational Relations, and the Legacy of the Cold War," *Diplomatic History* 19(4) : 549–68.

Sheehan, Michael (1996) *The Balance of Power: History and Theory* (London: Routledge).

Snidal, Duncan (1996) "Political Economy and International Institutions," *International Review of Law and Economics* 16: 121–37.

Stein, Eric (1981) "Lawyers, Judges, and the Making of a Transnational Constitution," *American Journal of International Law* 75(1) : 1–27.

Stone, Alec (1994) "What is a Supranational Constitution? An Essay in International Relations Theory," *The Review of Politics* 56(3) : 441–74.

Tamamoto, Masaru (1995) "Reflections on Japan's Postwar State," *Daedalus* 125(2) : 1–22.

Waltz, Kenneth (1979) *Theory of International Politics* (Reading, Mass.: Addison-Wesley) (河野勝・岡垣知子訳『国際政治の理論』勁草書房，二〇一〇年).

Weiler, Joseph (1991) "The Transformation of Europe," *Yale Law Journal* 100: 2403–83.

Weingast, Barry (1997) "The Political Foundations of Democracy and the Rule of Law," *American Po-*

litical Science Review 91(2) : 245–63.

Weingast, Barry and Douglass C. North (1989) "Constitutions and Commitment: The Evolution of Institutions Governing Public Choice in Seventeenth Century England," *Journal of Economy History* 44: 803–32.

Wight, Martin (1966) "The Balance of Power," in H. Butterfield and M. Wight, eds., *Diplomatic Investigations* (Cambridge, Mass.: Harvard University Press), pp. 149–75（安東次男訳「勢力均衡」佐藤誠ほか訳『国際関係理論の探究――英国学派のパラダイム』日本経済評論社、二〇一〇年）.

Wight, Martin (1977) *Systems of States* (London: Leicester University Press).

Wolfers, Arnold (1962) "The Goals of Foreign Policy," in A. Wolfers, ed., *Discord and Collaboration: Essays on International Politics* (Baltimore: Johns Hopkins University Press), pp. 67–80.

Young, Oran (1989) *International Cooperation: Building Regimes for Natural Resources and the Environment* (Ithaca: Cornell University Press).

Young, Oran (1991) "Political Leadership and Regime Formation: On the Development of Institutions in International Society," *International Organization* 45(3) : 281–308.

初出一覧

第 **1** 章　"Rethinking the Origins of American Hegemony," *Political Science Quarterly*, vol. 104, no. 3 (Fall 1989) : 375–400.

第 **2** 章　"Socialization and Hegemonic Power" with Charles A. Kupchan, *International Organization*, vol. 44, no. 3 (Summer 1990) : 283–315.

第 **3** 章　"The Nature and Sources of Liberal International Order" with Daniel Deudney, *Review of International Studies*, vol. 25 (April 1999) : 179–96.

第 **4** 章　"Constitutional Politics in International Relations," *European Journal of International Relations*, vol. 4, no. 2 (June 1998) : 147–77.

訳者紹介

林 大輔（はやし だいすけ）〔第2～5章訳〕
南山大学外国語学部卒業。慶應義塾大学大学院法学研究科修士課程修了。
現在：慶應義塾大学大学院法学研究科後期博士課程在籍。専門は国際関係論，国際政治史。
主著：「イギリスの中華人民共和国政府承認問題，1948年―1950年――戦後アジア・太平洋国際秩序形成をめぐる英米関係」『法学政治学論究』第76号（2008年3月），
「第二次世界大戦期の香港問題，1941―1945年――帝国・脱植民地化・降伏受理をめぐる英米中関係」『法学政治学論究』第92号（2012年3月）など。

西川 賢（にしかわ まさる）〔第6～9章訳〕
慶應義塾大学法学部卒業。慶應義塾大学大学院法学研究科博士課程修了，博士（法学）。日本国際問題研究所研究員などを経て，
現在：津田塾大学学芸学部准教授。専門は政治学，アメリカ政治。
主著：『ニューディール期民主党の変容――政党組織・集票構造・利益誘導』（慶應義塾大学出版会，2008年），
『アメリカ政治を支えるもの――政治的インフラストラクチャーの研究』（共著，財団法人日本国際問題研究所，2010年），
『政党システムの理論と実際』（共著，おうふう，2011年）など。

飯田 健（いいだ たけし）〔第10～11章訳〕
同志社大学法学部卒業。テキサス大学オースティン校政治学部博士課程修了，Ph.D.（政治学）。早稲田大学大学院アジア太平洋研究科助教などを経て，
現在：神戸大学大学院法学研究科特命講師。専門は政治学，政治行動論。
主著：『投票行動研究のフロンティア』（共編著，おうふう，2009年），
『2009年，なぜ政権交代だったのか――読売・早稲田の共同調査で読み解く日本政治の転換』（共著，勁草書房，2009年），
『オバマ政権はアメリカをどのように変えたのか――支持連合・政策成果・中間選挙』（共著，東信堂，2010年）など。

●著者紹介

G・ジョン・アイケンベリー（G. John Ikenberry）
1954年生まれ。マンチェスター・カレッジ卒業。シカゴ大学大学院博士課程修了，Ph.D.（政治学）。プリンストン大学助教授，ペンシルヴァニア大学准教授，ジョージタウン大学教授などを経て，
現在：プリンストン大学ウッドローウィルソン公共政策大学院教授。専門は国際関係論，アメリカ外交。
主著：『アフター・ヴィクトリー――戦後構築の論理と行動』（NTT出版，2004年），
Liberal Leviathan: The Origins, Crisis, and Transformation of the American World Order (Princeton University Press, 2011),
The Crisis of American Foreign Policy: Wilsonianism in the Twenty-first Century（共著，Princeton University Press, 2008),
『アメリカによる民主主義の推進――なぜその理念にこだわるのか』（共編著，ミネルヴァ書房，2006年）など。

●訳者紹介

細谷 雄一（ほそや ゆういち）〔監訳，日本語版への序文・序論・第1章訳〕
1971年生まれ。立教大学法学部卒業。慶應義塾大学大学院法学研究科博士課程修了，博士（法学）。北海道大学専任講師，敬愛大学専任講師，慶應義塾大学准教授などを経て，
現在：慶應義塾大学法学部教授。専門は国際関係論，国際政治史。
主著：『戦後国際秩序とイギリス外交――戦後ヨーロッパの形成 1945年～51年』（創文社，2001年，サントリー学芸賞受賞），
『外交――多文明時代の対話と交渉』（有斐閣，2007年），
『倫理的な戦争――トニー・ブレアの栄光と挫折』（慶應義塾大学出版会，2009年，読売・吉野作造賞受賞），
『イギリスとヨーロッパ――孤立と統合の二百年』（編著，勁草書房，2009年）など。

リベラルな秩序か帝国か（上）
アメリカと世界政治の行方

2012年4月10日　第1版第1刷発行

著　者　G・ジョン・アイケンベリー

監訳者　細《ほそ》　谷《や》　雄《ゆう》　一《いち》

発行者　井　村　寿　人

発行所　株式会社　勁《けい》　草《そう》　書　房

112-0005　東京都文京区水道2-1-1　振替　00150-2-175253
（編集）電話　03-3815-5277／FAX　03-3814-6968
（営業）電話　03-3814-6861／FAX　03-3814-6854
理想社・青木製本所

ISBN978-4-326-35158-9　　Printed in Japan